부동산과
맞벌이하는
월급쟁이
부자들

부동산과 맞벌이하는

월급쟁이 부자들

이제 막 부동산에 첫발을 내딛는 당신에게!
부동산과 맞벌이하는 월급쟁이 부자들

초판 1쇄 인쇄 2017년 11월 5일
초판 2쇄 발행 2018년 2월 28일

지은이 김진원
펴낸이 백광옥
펴낸곳 천그루숲
등 록 2016년 8월 24일 제25100-2016-000049호

주 소 (06990) 서울시 동작구 동작대로29길 119
전 화 0507-1418-0784   팩스 050-4022-0784   카카오톡 @천그루숲
이메일 ilove784@gmail.com

인쇄 예림인쇄   제책 바다제책

ISBN 979-11-88348-06-0 (13320) 종이책
ISBN 979-11-88348-07-7 (15320) 전자책

저작권자 ⓒ 김진원 2017~2018
이 책의 저작권은 저자에게 있습니다. 서면에 의한 저자의 허락 없이
내용의 일부를 인용하거나 발췌하는 것을 금합니다.

※ 책값은 뒤표지에 있습니다.
※ 잘못 만들어진 책은 구입하신 서점에서 교환해 드립니다.
※ 저자와의 협의하에 인지는 생략합니다.

이 도서의 국립중앙도서관 출판예정도서목록(CIP)은 서지정보유통지원시스템 홈페이지(http://seoji.nl.go.kr)와
국가자료공동목록시스템(http://www.nl.go.kr/kolisnet)에서 이용하실 수 있습니다.
(CIP제어번호 : CIP2017027955)

부동산과 맞벌이하는 월급쟁이 부자들

| 김진원 지음 |

| 머리말 |

나는 에코세대다. 에코세대는 1980년대에 태어난 세대로, 대한민국의 근간인 30대들이다. 베이비부머 세대의 자식들이지만 부모님 세대와는 완전히 세상이 변해 있다. 우리 젊은이들이 살아가는 현재는 저금리, 저성장, 고물가 시대이다. 열심히만 해서는 답이 없는 시대이기도 하다. 주변의 지인들만 봐도 회사를 그만두고 창업을 준비하는 선배부터 만년 대리로 이직을 준비하는 친구, 비정규직에서 정규직으로의 전환을 꿈꾸며 열심히 스펙을 쌓는 친구들까지 다양하다. 나는 불투명한 미래를 살아가는 에코세대들에게 일만 하는 직장인이 아닌 자신을 위해 돈이 열리는 부동산이라는 나무를 심어야 한다고 강조한다.

나 역시 부동산업을 시작하기 전까지 최저 급여 120만원을 받는 평범한 월급쟁이 직장인이었다. 꿈도 없었고 희망도 없었다. 그저 정해진 일을 꾸준히 수행하며 회사가 만들어 놓은 틀 안에서 살아가는 '잉여인간'이었다. 하지만 우연한 기회에 부동산으로 한 달에 몇 번씩 월급 받는 사람들을 만나게 되며 부동산에 눈을 뜨게 되었다. 그리고 과감히 도전했다. 물론 쉽지 않은 과정도 있었지만 부동산은 결코 나를 실망시키지 않았다. 부동산으로 큰돈도 벌어봤고 전 재산을 날리기도 했지만 다시 일어설 수 있었던 기회를 준 것도 부동산이었다.

우리에게 행복과 윤택한 삶은 권리이자 의무이다. 어쩌면 우리는 평범한 삶을 그리고 소소한 일상을 감사하게 여기며 살아가는 지극히 평범한 사람일 수도 있다. 하지만 그런 삶이 그리 행복하지 않다는 생각이 밀려온다면, 당신이 회사의 삶에 만족하지 못하고 있다면 나는 하루빨리 쫓기는 시간으로부터 그리고 돈으로부터 완벽히 자유롭게 분리시켜 줄 도구를 찾아야 한다고 말하고 싶다.

회사는 직원을 부자로 만들어 주지 않는다. 일만 하는 월급쟁이에게 행복한 미래는 없다. 나는 감히 당신에게 지금 당장 부동산 투자를 시작하라고 권하고 싶다. 월급 외에 당신의 미래를 책임져 줄 월세 받는 부동산으로 당신이 여유로운 직장인이 되기를 진심으로 바라기 때문이다.

이 책에는 10년이란 세월 동안 나의 꿈을 향해 달려온 이야기를 고

스란히 담았다. 또한 오랜 시간 부동산 최일선에서 온몸으로 부딪히며 경험한 모든 실전투자 사례를 생생하게 담기 위해 노력했다.

이 책을 집필할 수 있도록 도와준 나의 가족들과 함께하는 동료들에게 감사한 마음을 전한다. 더불어 책이 세상에 나올 수 있도록 함께해준 천그루숲의 백광옥 대표님에게도 감사를 전하고 싶다.

자! 이제 부동산과 맞벌이하는 월급쟁이 부자가 되기 위한 첫걸음을 시작해 보자.

김진원

차례

프롤로그 _ 은행을 떠나라! 부동산에 답이 있다! • 010

제1장
부동산에 기회가 있다

01 월급쟁이에게 행복한 미래가 있을까? • 019
02 빠른 행동이 부의 차이를 만든다 • 026
03 월세 받는 부동산, 빠른 시작이 답이다 • 033
04 부동산 투자, 선택이 아니라 필수다 • 041
05 긍정적인 생각이 기회를 만든다 • 048
06 내 집 마련으로 첫 경험을 하라 • 055
07 창업보다 월세 받는 임대인이 되어라 • 062
성공사례 1 2천만원으로 갭 투자에 성공한 김 실장 • 068

제2장
나는 수익형 부동산으로 평생 월급 받는다

01 아파트 경매로 종잣돈을 만들다 • 075
02 수익형 부동산, 내 집 마련부터! • 082
03 소형주택은 가장 안전한 투자처! • 089
04 3천만원 첫 빌라 투자, 지금은 15채 빌라 주인 • 097
05 오피스텔 투자, 신중하게 접근하라 • 103
06 상가 투자, 할인분양을 노려라 • 111
07 공동투자로 수익금을 공유하라 • 119

08 꼬마빌딩으로 든든한 노후를 보내자 • 124
09 부동산 P2P 투자가 뜨고 있다 • 131
10 개발지역에 관심을 가져라 • 139
성공사례 2 **3천만원으로 상가 투자에 성공한 이 과장** • 143

제3장

**꿈을 현실로
바꿔주는
부동산 투자**

01 종잣돈이 마련되면 바로 시작하라 • 149
02 차익거래로 종잣돈을 불려라 • 155
03 자신에게 맞는 투자방법을 찾아라 • 161
04 은행을 사업 파트너로 만들어라 • 166
05 돈이 모이는 곳으로 가라 • 173
06 현장에 답이 있다. 지금 당장 실천하자 • 178
07 허위·과장광고를 주의하라 • 184
성공사례 3 **4천만원으로 300%의 수익률을 만들다** • 190

제4장

평생 월급 만드는 투자의 기술

01 급매와 경매부터 시작하라 • 195

02 월세 500만원을 목표로 하라 • 202

03 가치를 보는 눈을 키워라 • 207

04 땅의 숨은 가치에 주목하라 • 213

05 멘토와 함께하라 • 219

성공사례 4 **당신도 부동산에 미쳐라** • 225

에필로그 _ **부동산 투자는 양날의 칼이다** • 230

| 프롤로그 |

은행을 떠나라!
부동산에 답이 있다!

"가난하게 태어난 것은 당신의 잘못이 아니지만
죽을 때까지 가난한 것은 당신의 잘못이다."

당신은 빌게이츠의 이 말을 보는 순간 어떤 생각이 드는가? '가난하게 태어났으니 가난하게 사는 게 당연하지!' '가난한 집에 태어난 건 내 잘못이야'라는 바보 같은 생각을 하고 있지는 않을 것이다. 만약 그런 바보 같은 생각이 밀려온다면 당신의 인생은 더욱 암울해지거나 불행해질지 모른다. 그러나 한 가지 분명한 사실은 죽을 때까지 가난한 건 절대적으로 당신의 잘못이다. 성공한 부자가 되느냐 아니냐는 본인 스스로 결정하는 것이기 때문이다.

'부모를 잘못 만나서' '가난하게 태어나서 이 모양 이 꼴로 사는 거야'라는 말은 이제 더 이상 변명이 되지 못한다. 언제까지 남 탓이나 하며 부정적인 말로 자신의 삶을 초라하게 만들려 하는가! 당신의 성공과 발전은 당신이 만드는 것이며, 당신이 세상의 중심이라는 사실을 하루빨리 깨달아야 한다.

지금 이 책을 읽고 있는 당신의 직업이 혹시 하루하루를 치열하게 살고 있는 월급쟁이 직장인인가? 그렇다면 당신은 자기 인생의 선택권을 남에게 넘긴 채 끌려가는 인생을 살고 있는 것이다. 성공한 삶을 살기 위해서는 인생의 선택권을 온전히 자신이 가지고 가야 한다는 것을 잊은 채 말이다. 나는 당신의 직업을 폄하하려는 것이 아니다. 다만, 당신이 월급쟁이 직장인에만 만족하지 않는다면 더 멋진 삶을 살 수 있다는 것을 말하려고 하는 것이다. 이제 그 멋진 인생에 대한 얘기를 해보고자 한다.

* * *

나는 충청북도 가덕면 한계리 1구의 아주 작은 시골마을, 그 시골에서도 아주 가난한 집에서 태어났다. 90년대 초반에도 연탄은 구경조차 못했고, 동네 뒷산에서 장작을 패와 때고 살았다(어쩌면 매일 밤 '캠프파이어'를 한다는 재미에 빠져 있었던 것 같기도 하다). 도시와는 완전히 차단된 작은 시골마을에 사는 어린 나로서는 그게 당연한 줄만 알고 있었다. 그러나 성장하면서 가난이라는 현실은 내 몸에 달라붙어 피를 빨아먹는 거머리 같은 존재라는 걸 느끼게 되었고, 정말 하루라도 빨리 떼어 내버리고 싶을 정도로 가난이 싫었다.

초등학생 때 어느 날 대도시에서 시골 마을로 전학을 온 친구의 생일파티에 초대되어 그 집을 가본 후 '아! 우리 집이 정말 가난하구나' 라는 것을 제대로 깨닫게 되었다. 당시 친구 집은 연탄도 아닌 기름보일러와 세련된 식탁, 냉동실과 냉장실이 구분된 투 도어 냉장고와 24인치 칼라TV, 줄 없는 무선전화기가 있었다. 그때 그 상황을 현재 부동산 거주형태로 말하면 나는 재개발이 필요한 구도심에 위치한 허름한 단칸방 월세를 사는 사람이고, 그 친구는 세련된 신도시 한편에 자리 잡고 있는 최첨단시설이 갖춰진 주상복합아파트 맨 꼭대기층 펜트하우스에 사는 사람이었을 거다. 그 이후 나는 그 어린 아이였을 때부터 '빨리 부자가 되서 가족들과 풍요롭게 잘 먹고 잘 살고 싶다'라는 간절한 꿈을 꾸게 되었다.

많은 돈을 벌고 싶다는 생각에 학교를 졸업하고 어린 나이부터 이일 저 일 안 해본 일이 없을 정도로 쉬지 않고 일을 했다. 하지만 직장에 들어가 열심히 일하고 월급을 한 푼 두 푼 모아 봐도 매달 받는 급여만으로는 절대 부자가 될 수 없을 것 같았다. 돈이 없이는 가고 싶은 곳도, 먹고 싶은 것도, 누릴 수 있는 많은 것들도 제한된다는 것을 청년이 되어서도 여전히 느끼고 있었다.

정말 이대로 살다가 죽어버리면 내 인생이 너무 후회스러울 것 같다는 생각이 물밀듯이 밀려들었다. 그때부터 닥치는 대로 책을 읽었다. 그리고 부자들은 어떤 생각을 하고, 어떻게 살고 있는지를 책을 통해 알게 되었다. 성공한 부자들은 언제든 가고 싶은 곳이 있으면 떠나고, 긍정적이고 활기가 넘치며, 많은 사람들에게 존경받고 사랑받으며 살아간다는 것을 알았다. 나는 내 자신에게 물었다.

'왜 똑같은 인간으로 태어나서 많은 걸 누릴 수 있는 권리를 포기

하며 살아가야 하는가?'

그때부터 나는 '젊은 나이에 부자가 되려면 어떤 일을 해야 되는가' 하는 심각한 고민에 빠져들었다. 젊은 나이에 빠르게 부를 축적하려면 유명한 운동선수가 되거나 가수 혹은 방송연예인, 그것도 아니면 자기만의 창의적인 아이템으로 사업을 하는 것이었다. 하지만 나는 그런 재능이 없을 뿐만 아니라 스펙과 학력도 좋지 않은 루저 같은 인생을 살고 있었다. 내가 그런 사람들처럼 될 수 있는 확률은 아주 희박했다. 한마디로 '원시적 불능'(법률용어 : 처음부터 이행이 불능한 것을 말한다)이었다.

20대 초반, 나는 보잘 것 없는 중소기업에 다니며 쥐꼬리만한 월급 120만원의 최저생계비로 하루하루 목적없이 살아가는 비정규직 노동자였다. 어느 날 평소 동호회에서 알고 지내던 선배를 만났는데, 빨간색 페라리 스포츠카를 몰고온 친구와 함께 있었다. 당시 20대 또래 젊은 친구들이 그렇듯 나 역시 자동차에 관심이 많은 자동차 마니아였는데, 그 형이 타고 온 페라리를 보는 순간 마치 블랙홀로 빨려들어가듯 넋을 놓게 되었다. 섹시한 바디에 정열적인 빨간 색깔의 차가 도로에 납작 붙어 당장이라도 굉음을 내며 달릴 것 같은 모습이었다. 넋을 놓고 차를 바라보던 나는 선배에게 조심스럽게 그 형의 직업을 물었다. 그리고 이 한 마디의 질문이 나의 인생을 바꿔놓았다. 그 형은 부동산 임대사업을 하고 있었다. 멋진 차도 놀라웠지만 젊은 나이에 부동산 임대사업을 한다는 것도 그저 신기할 따름이었다.

그 만남 이후 나는 며칠 동안 고민에 빠져들었다. 부동산 임대사업은 구체적으로 무엇을 하는 직업이며, 그 일은 어떻게 배워야 하는지 궁금해 미칠 것 같았다. 또 한편으로는 그 일을 하면 그 형처럼 멋지게 살 수 있을 것 같은 꿈이 피어나기 시작했다. 결국 나는 그 형과의 만남을 부탁했고, 몇 달이 지난 후 어렵게 만날 수 있었다. 알고 보니 그 형은 부잣집 금수저도 아니었고 로또에 당첨된 신의 아들도 아니었다. 평범한 회사에 다니며 한 푼 두 푼 종잣돈을 마련해 부동산 경매 투자로 시작해 지금의 부동산 부자가 된 것이다. 그때 당시 그 형의 나이는 20대 후반이었고, 일찍이 부동산을 이용해 매달 몇 번씩 월세를 받는 월급쟁이 부자였던 것이다.

* * *

그날 나는 새로운 꿈을 품고 집으로 돌아왔다. 부동산 전문가가 되겠다는 꿈을 만든 것이다. 부동산의 '부' 자도 모르는 내가 부동산으로 성공하기 위해서는 부동산으로 성공한 사람들의 책을 읽고 전문가를 만나 투자 노하우와 정보를 들으며, 실제로 내가 투자할 부동산을 보고 느껴야 했다. 바로 부동산을 '보고, 듣고, 느끼는' 것이야말로 부동산 투자에서 가장 중요한 투자 덕목이었다. 결국 나는 자연스럽게 내가 가고자 하는 방향으로 빠르게 스며들었고, 부동산으로 성공하고 싶은 간절함은 행동으로 이어져 꿈을 가진지 2년 만인 20대 중반의 나이에 '나를 위해 일하는 부동산'을 보유하게 되었다.

월급쟁이 직장인이라면 돈이 열리는 나무의 씨앗을 하루빨리 심어야 한다. 그리고 그 씨앗을 어디에 심을 건지 고민해야 한다. 소극적

소득을 얻기 위해 저축을 할 것인지 아니면 월급보다 많은 월세 수익을 발생시키는 부동산에 투자할 것인지를 판단해야 하는 것이다. 요즘과 같은 저금리시대에 은행에 저축을 한다면 그건 아마 현금이 정말 많거나 재테크에 관심이 없는 현금부자일 것이다.

내가 20대 중반에 종잣돈 2천만원을 마련해 처음으로 수익형 부동산에서 월세를 받았듯이, 당신도 하루빨리 종잣돈을 마련해 매달 월세를 받을 수 있는 부동산에 투자해야 한다. <u>당신이 회사에 나가서 일을 할 때도, 잠을 잘 때도, 여행을 즐길 때에도 당신이 무슨 일을 하든 상관없이 우리의 미래를 위해 일해 줄 부동산은 돈을 벌고 있어야 한다.</u>

부동산 투자는 어려워서 못하는 게 아니다. 두려움 때문에 접근하지 못하고 투자의 문턱에서 서성일 뿐이다. 먼저 산 정상의 봉우리를 보고 정상을 향해 한 걸음 한 걸음 올라가면 된다. 우리의 인생은 항상 선택의 갈림길에 놓여있다. 현실에 만족하면서 살 것인지 아니면 부자가 되기 위해 평범한 틀을 깨고 새로운 길로 나아갈 것인지 말이다.

나는 당신이 월급쟁이 부자가 되기를 희망하는 한 사람이다. 언제까지 피 같은 월급을 매달 저축통장에 저축하며 시간을 낭비할 것인가? 그렇게 열심히 그리고 성실하게 회사에 젊음과 인생을 다 바친다면 과연 언제쯤 부자가 될 수 있을 것인가? 아마도 지팡이나 휠체어에 의지해야 할 나이가 되었을 때나 가능할지 모르겠다. 스티브 잡스는 생전에 스탠퍼드대학 연설에서 이런 말을 남겼다.

> "여러분, 시간은 한정되어 있습니다.
> 그러니 타인의 인생을 사느라 시간을 낭비하지 마십시오."

그렇다. 잡스가 생전에 남긴 말처럼 언제까지 회사에 인생을 저당잡혀 사축인생으로 살아갈 것인가? 언제까지 한 달에 한 번 받는 월급만으로 만족하며 살아갈 것인가? 이제 절약·저축이 아닌 부동산을 이용해 월급쟁이 부자가 되는 멋진 꿈을 꾸어보자! 그럼 머지않아 당신도 월급쟁이 부자가 되어 있을 것이다.

제1장

부동산에 기회가 있다

월급쟁이에게 행복한 미래가 있을까?

#월급쟁이
#미래가_없다

얼마 전 지인과 식사를 함께했다. 현재 직장생활 10년차인 그는 중소기업에 다니는 만년 대리로, 승진도 어렵고 연봉도 오르지 않아 심각하게 퇴사를 고민하고 있었다. 당장이라도 회사를 그만두고 싶지만 사랑하는 아내와 자식 때문에 이러지도 저러지도 못하는 상황이었다. 가정이 있으니 혈기왕성했던 젊은 시절의 모험은 생각조차 할 수 없었고, 정작 퇴사의 길을 가로막는 더 큰 문제는 내 집 하나 없이 전세살이를 하고 있는 것과 매달 고정적으로 나가는 고정비용이 정해져 있는 것이었다. 결국 퇴사는 고사하고 회사로부터 짤리지 않고 조금이라도 더 오래 버티기에 바쁜 상황이었다.

우리는 언제든 개인적인 사정에 의해 직장을 그만둬야 하는 상황에 처할 수 있다. 그것이 연봉 문제일 수도 있고, 상사와의 갈등 때문일 수도 있다. 이처럼 많은 직장인들이 불안정한 미래에 대한 걱정과 언제 그만둬야 할지 또는 언제 잘릴지 모르는 직장에서 행복한 미래를 꿈꾸기에는 하루하루가 너무 불안하기만 하다. 물론 직장이 없어도 엄청난 경제력이 있거나 돈 많고 능력 있는 부자 부모를 두었다면 아마 이런 걱정은 사치일 수도 있다. 하지만 평범한 대한민국 직장인에게 이런 일들은 생사가 달린 문제나 마찬가지다.

#차_판_돈 #종잣돈
#부동산_투자

나의 20대 초반은 자동차를 좋아하는 평범한 직장인이었다. 집은 없어도 차 하나만 있으면 차 안에서 먹고 자고 모든 생활을 할 수 있을 것만 같았다. 결국 종잣돈을 모아 차를 구입했고 이후에도 목돈이 생기면 더 비싸고 큰 차로 차종을 변경했다. 한 단계 높은 사양의 차종으로 변경할 때마다 내 기분은 좋아졌지만 그 만족감은 오래 가지 않았다. 차도 하나의 재산이라고 생각했지만 그 차가 나의 재산과 기회비용을 갉아먹고 있다는 생각이 조금씩 든 것이다.

그렇게 차에 빠져 살던 시절, 동호회 선배를 통해 우연히 부동산 임대사업을 하는 형을 알게 된 후 부동산에 대해 눈 뜨게 되었다. 그 형은 직장에 다니며 부동산 투자를 통해 몇 채의 부동산과 내 차와는 차원이 다른 멋진 페라리 스포츠카를 가지고 있었다. 나는 그때 그 형이 그렇게 부러울 수가 없었다. 나는 고작 내가 좋아하는 자동차 하나가 전부였지만 그는 벌써 스포츠카와 몇 채의 부동산을 보유하고 있었기 때문이다. 이대로 차만 끼고 살다가는 집 한 채도 없이 정말 차에서 잠을 자야 하는 상황이 올 수도 있겠다는 생각이 엄습했다.

결심을 하면 바로 실천하는 습관을 가지고 있는 나는 그때 한치의 고민도 없이 자식처럼 아끼던 자동차를 시세보다 손해를 보며 중고차시장에 팔았다. 그렇게 자동차를 처분한 돈 2,000만원으로 부동산 투자를 시작하기로 한 것이다. 차를 처분한 후 대중교통을 이용하며 부동산 공부를 시작했다. 자동차 광이었던 나에게 부동산 공부는 더 신나고 재미있는 놀이가 되었다. 월급 말고 다른 수익이 생길 수 있다는 것에 대한 상상은 너무나 달콤하고 행복했다.

퇴근 후 시간을 쪼개 수십 권의 부동산 관련 책을 읽었고, 경매학원에 등록해 제대로 공부를 시작했다. 그리고 내가 사는 지역 주변의 저평가된 부동산을 찾아다니며 현장을 확인하고, 급매물이 있으면 주변 공인중개사 사장님들의 조언을 얻어 시세보다 싸게 매입을 했다. 그렇게 매입한 부동산은 일정 기간 보유하다 다시 재매매를 했다. 경매로 나온 부동산을 낙찰 받아 단기간에 엄청난 양도차익을 보기도 했다. 그렇게 자동차를 팔아 종잣돈을 마련한 뒤 시작한 부동산 투자로 지금은 한 달에 몇 번씩 월급 같은 월세를 받고 있다.

#지금_당장 #부동산_투자
#최고의_투자처

나는 지금도 차를 좋아한다. 그러나 가끔 '그때 내가 차를 팔지 않았다면 아직도 멋진 세단을 타고 있는 고작 차 하나뿐인 카푸어가 되어 있지 않을까?'라는 생각을 하기도 한다. 정말 상상만 해도 끔찍한 일이다. 미국의 자수성가한 젊은 사업가 엠제이 드마코는 이렇게 말했다.

> "나는 아무것도 시도하지 않은 것을 후회하느니
> 실패를 후회하는 삶을 살겠다."

그의 말처럼 나는 아무것도 시도해 보지 않는 삶은 실패한 인생이라고 생각한다. 실제로 많은 사람들은 실패를 두려워 한다. 실패에 대한 두려움에 사로잡혀 살기 때문에 아무것도 해보지 못하고 부자가 될 기회마저 날려버린다. 나는 그들에게 말하고 싶다.

> "아무것도 도전하지 않는 인생을 살면서
> 어떻게 만족한 삶을 살기를 원합니까!"

나는 직장인들이 자신의 직업이나 직장생활에서 만족할 만한 '니즈(needs)'를 찾지 못했다면 하루빨리 부동산 투자를 시작하라고 말하고 싶다. 물론 "부동산 불패신화는 끝났어" "경제가 저성장으로 접어든 시점에서 부동산은 매력을 상실했어" "먹고 살기도 빠듯한데 쥐꼬리만한 월급으로 부동산에 투자할 여유가 어디 있어"라고 말하는 사람들도 있다. 실제로 물가는 오르는데 쥐꼬리만한 월급으로 생활하기가 버거운 직장인들이 늘고 있는 것도 사실이다.

그렇다면 당신은 어떤 방법으로 소득을 늘리려 하는가? 당신만의 전략과 계획은 가지고 있는가? 내 주변에는 부동산뿐만 아니라 주식이나 펀드에 관심있는 사람들도 많다. 주식은 소액으로도 투자가 가능하기 때문에 직장인들이 접근하기도 쉽다. 하지만 주식은 개미투자자들이 접근하기에는 너무 거대한 강적들이 많고, 작전주 세력들에게 속아 피해를 보는 초보투자자들도 허다하다. 또한 저금리시대에 저축은 더 이상 재테크가 될 수 없고, 저축만 한다고 해서 부자가 되는 시대는 이미 끝났다. 지금보다 더 행복한 미래를 위해서는 안전하며 높은 수익을 만들 수 있는 재테크가 필요하다.

#부동산_투자 #소액투자_가능
#월급쟁이 #신용레버리지

나는 종잣돈만 있으면 소액으로도 투자가 가능한 부동산이 가장 안전한 투자처라고 말하고 싶다. 많은 사람들이 '부동산 투자는 많은 돈이 필요해'라고 생각하지만 그것은 잘못된 생각이다. 실제 소액으로도 투자가 가능한 것이 바로 부동산이다. 특히 직장인의 경우 '신용레버리지'를 잘만 활용한다면 충분히 소액으로도 대출을 이용해 매달 월세를 받을 수 있는 소형아파트나 오피스텔·빌라를 매입할 수 있고, 월세뿐만 아니라 시세상승을 통해 매도시 시세차익까지 얻을 수 있다. 이처럼 부동산 투자는 한 번에 두 마리 토끼를 잡을 수 있다는 장점이 있다. 나 역시 소액으로 은행 대출을 이용해 부동산을 구입하여 많은 돈을 벌 수 있었다.

#제한적_소득의_틀
#부동산_트렌드를_읽어라

"알뜰살뜰하게 소비를 줄이고 허리띠를 졸라 매야 부자가 된다."

"커피 값을 줄이고 담배를 끊고 신용카드를 없애고 외식비를 줄이고 할인쿠폰을 챙겨라. 그럼 언젠가 당신도 부자가 될 것이다."

TV나 재테크 강의에서 자주 나오는 말이다. 그런데 이런 말을 하는 사람들 중 진짜 부자는 얼마나 될까? 주위에 아끼고 아껴 부자가 된 사람들을 한 번 찾아보자. 아마 그런 부자가 있더라도 우리들이 생각하는 부자처럼 여유가 있거나 존경받는 그런 부자는 아닐 것이다. 진짜 부자는 많은 것을 누리면서도 자신의 삶을 스스로 절제하며 살아간다.

그렇다면 우리는 이제 아끼지 않고도 더 많은 소득을 발생시키기 위한 삶을 고민해야 한다. 한 달에 한 번 정해진 평범한 소득, 즉 제한적 소득의 틀을 깨야만 한다. 월급쟁이 직장인이 부자가 되려면 월급 외에도 다른 소득을 발생시켜 소득을 늘리고 지출을 잘 통제할 수 있으면 된다. 나는 직장인들이 가장 접근하기가 쉬운 재테크 수단이 바로 '부동산 재테크'라고 당당하게 말하고 싶다. 왜냐하면 부동산 투자는 바쁜 직장인들에게 그렇게 많은 시간을 빼앗지 않으며, 한 번 소유한 부동산은 오랜 시간 당신을 위해 일하며 이득을 주기 때문이다.

그럼, 어떤 부동산에 투자해야 할까? 투자에 앞서 여러 방법과 대상이 있겠지만 부동산은 시대의 트렌드와 상황에 따라 투자대상과 방법이 달라진다는 것을 명심해야만 한다. 부동산학을 가르치는 교수가 10년 전 강의노트를 가지고 그대로 강의한다면 그게 과연 학생들에게 얼마나 도움이 되겠는가?

따라서 현재 경제상황과 경기변동을 예측하고 현재 상황에 맞게 가치가 높아지고 있는 부동산에 투자해야 한다. 그래야만 실패하지 않고 승리하는 투자가 되는 것이다.

원하는 만큼 돈이 없다면,
당신은 무언가를 모르고 있는 것이다.
– 데이비드 우드

빠른 행동이 부의 차이를 만든다

#은행_저축 #No
#부동산_저축 #OK

"제가 다음 달에 만기가 되는 적금이 있는데, 다시 적금을 들어야 할지 아니면 부동산 투자를 해볼지 고민입니다."

"저축을 해보니 선생님의 재산 증식에 많은 도움이 되셨나요? 은행은 선생님이 저축한 돈으로 높은 이자를 받으며 부동산 담보대출을 해주고 있습니다. 차라리 저축보다 부동산을 사서 월세를 받으며 부동산에 저축하시는 건 어떨까요?"

고객과 나눈 대화이다. 부동산 투자라고 해서 거창한 게 아니다. 저축만큼 쉬운 게 부동산 투자다. 그런데 사람들은 너무 어렵게만 생각하고 있다. 자본이 부족하면 접근하기 힘든 영역이라고만 생각하는 것이다. 나는 가끔 지인들에게 돈이 될 만한 부동산 투자지역을 귀뜸해 준다. 하지만 그들은 "그렇게 좋은 거면 당신이나 투자하지 왜 나한테 알려줘"라며 의심 혹은 걱정부터 하기 일쑤다. 아무리 좋은 정보를 줘도 소용이 없는 것이다. 실행하지 않기 때문에 그들에게는 값 비싼 정보도 아무런 득이 되지 못한다.

나는 은행 저축은 단지 돈을 보관하는 정도로만 생각한다. 그렇기 때문에 은행에 너무 많은 돈을 예치하는 것을 싫어한다. 잘못된 선택은 계속해서 우리의 기회비용을 갉아먹을 뿐이다. 돈을 묶어두어선 안 된다. 돈을 계속해서 움직이게 하고 춤추게 해야 한다.

#신차_구입 #잘못된_선택
#집을_먼저_장만하라

사회 초년생 A씨는 어렵게 취업경쟁을 뚫고 대기업에 입사했다. 그리고 입사 후 3개월이 지나 신용카드를 만들고 36개월 할부로 차를 구입했다. 대기업 사원의 높은 신용도를 이용해 신차를 질러버린 것이다. 물론 차를 구입한 뒤 할부금을 갚아야 한다는 압박감으로 더욱 열심히 일한다면 직장생활에 시너지 효과가 날 수도 있다. 하지만 일한 만큼 버는 영업사원이 아닌 이상 일반 회사에서는 열심히 일한 만큼 또는 매출을 일으킨 만큼 급여를 주지 않는다. 회사는 월급이 고정적으로 정해져 있기 때문이다. 사회 초년생 A씨는 매달 꼬박꼬박 정해진 날짜에 맞춰 할부이자와 원금을 갚아나가야 한다. 차로 인해 현대판 노예가 되어 버린 것이다.

  가난이란 무엇일까? 돈이 부족하면 가난한 것일까? 아니면 제대로 된 교육을 받지 못해서 가난한 것일까? 그것도 아니면 부모를 잘못 만나서 또는 의지박약한 사람이라서? 아니다! 가난의 근원을 추적하다 보면 모두 한 가지에서 시작되었다는 걸 알 수 있다. 바로 <u>잘못된 '선택'이 가난의 주요 원인이라는 것이다.</u>

  A씨와 같이 잘못된 선택은 가난의 싹을 키우게 된다. 젊으면 젊을수록 올바른 선택을 해야만 한다. 젊어서 한 선택이 나이가 들수록 엄청난 변화를 가져다 주기 때문이다. 나는 20대 중반에 차를 판 돈으로 부동산에 투자하는 선택을 했다. 그 결과 나는 내가 일하지 않아도 나에게 월급을 주는 부동산이 하나둘 생겨나 지금은 근로소득 없이도 한 달에 부동산으로 다섯 번 월급을 받고 있다. 나는 A와 같은 젊은이들에게 '차보다 먼저 집을 선택해야 한다'고 강조하고 싶다.

#부동산
#하락장_매수 #상승장_매도

매달 정해진 월급을 받는 직장인일수록 부동산 투자는 더욱 유리하다. 직장인들의 신용을 잘만 활용한다면 은행에서 낮은 이율로 부동산 담보대출을 받을 수 있기 때문이다. 그렇기 때문에 직장인들은 평소 신용등급을 잘 관리해 두어야 한다. '대출받은 돈을 못 갚으면 어떻게 하나?' 걱정이 될 수도 있다. 하지만 걱정하지 마라. 엄청난 거품이 끼어있는 부동산이 아닌 이상 대부분의 부동산은 당신이 살 때보다 높게 오른다. 따라서 당신도 부동산으로 월세를 받고 싶다면 올바른 선택으로 현명한 투자를 해야만 한다.

부동산 투자는 큰 금액이 오가는 상품이다. 또한 구입 후 시장상황에 따라 여러 가지 변수가 생겨날 수도 있다. 여러 부동산 전문가들은 "부동산 투자에 성공하기 위해서는 시장의 흐름을 잘 읽어야 한다"고 말한다. 지극히 당연한 말이다. 부동산시장은 주기적으로 하락시장 → 회복시장 → 상승시장 → 후퇴시장의 큰 그래프를 그리면서 움직이고 있다. 그래서 전문가들이 말하는 것처럼 하락시장에 싸게 사서 상승시장에서 비싸게 팔면 된다. 그런데 그 시기를 아는 것이 가장 어려운 문제다. 시장의 흐름을 일반인이 읽는다는 것이 결코 쉽지 않기 때문이다. 아마 명문대학의 부동산학과 교수여도 시시각각 변하는 시장상황을 읽는다는 건 쉬운 일이 아닐 것이다.

#나만의_투자원칙
#RIP_시스템

투자는 입으로 하는 것도 아니며, IQ가 높고 머리가 좋다고 해서 잘하는 것도 아니다. 실전에서 보고 듣고 느끼고, 많은 경험을 통해 노하우가 생기는 법이다. 그리고 내가 투자할 물건을 얼마나 정확히 파악하느냐가 가장 중요한 포인트다. 초보자일수록 모든 투자에서 성공하기 위해서는 자기만의 원칙을 만들어 접근하는 것이 중요하다. 필자가 개발한 RIP시스템(Realestate-Invest-Process System) 중 한 가지를 살펴보자.

1) 아무리 좋은 지역이라도 한 지역에 2채 이상 투자하지 않는다(분산투자).
2) 저층이나 맨 꼭대기층은 매수하지 않는다(선호도 관련 문제).
3) 단기간에 사고파는 투자는 하지 않는다(긴 호흡으로 투자한다).
4) 대출을 무리하게 받지 않는다(위험성 문제).
5) 주택, 상가, 토지, 경매 중 한 가지 종목만 집중적으로 투자한다(물건의 특성).

#부동산
#가치_투자

부동산 투자는 투자물건을 세밀하게 들여다 볼 수 있는 매의 눈을 가지고 있어야 한다. 남들이 투자한다고 돈 보따리 싸들고 따라다니며 돈 벌던 시대는 이미 끝났다. 수많은 부동산 투자를 진행하면서 느낀 것 중 하나가 부동산의 현재 가격은 크게 중요하지 않다는 사실이다. 현재 가격은 그 지역의 시장상황에 따라 평균 시세가 정해져 있기 때문이다. 5년이 지나도 시세가 오르지 않는 부동산이 있는가 하면 1년 만에 시세가 두 배 세 배로 오르는 부동산도 있다. 따라서 앞으로 그 투자대상 물건의 가치가 얼마나 상승할 것인지를 잘 파악해야만 부동산 투자로 성공할 수 있다.

CASE

#공부하는_재테크
#실천하는_재테크

부동산 초보시절에 경매 투자를 위해 1년 동안 경매 전문가과정을 수강했다. 그 수업을 들으며, 3개월이라는 짧은 기간에 인천시에 있는 아파트 한 채를 낙찰 받았다. 무언가를 배우면 바로 실행해 봐야 직성이 풀리는 성격 탓에 매일 경매정보지를 보며 현장에 나가 물건을 확인하고, 법원 문턱이 마르고 닳도록 입찰법원을 들락거리며 내가 조사한 물건들이 몇 %에 낙찰되는지 파악했다. 그 결과 시세보다 싸게 낙찰 받을 수 있었고 낙찰 받은 아파트를 불과 3개월 만에 전매하여 높은 양도차익을 얻을 수 있었다.

그런데 함께 수업을 받은 J씨는 초급·중급·상급반, 심지어 실전투자반까지 다니며 열심히 공부를 했지만 한 건의 경매물건에도 투자하지 않았다. J씨는 1년이란 시간 동안 전문가들도 접근하기 힘들다는 유치권부터 법정지상권까지 파고 들며 열심히 공부만 한 것이다. 하지만 나는 그 1년 동안 6건의 부동산을 낙찰 받아 단기간에 전매를 하여 높은 양도차익을 볼 수 있었다. 나중에 동기들을 통해 들은 소식에 의하면 J씨는 결국 경매 투자를 포기하고 주식 공부를 하고 있다고 한다.

실행하지 못하고 도전하지 않는 사람에게 하늘이 주는 벌은 두 가지다. 하나는 자신의 실패이고 또 다른 하나는 자신이 해내지 못한 일을 해낸 옆 사람의 성공이다. 이제 '하면 된다'라는 긍정적인 마음으로 부동산 투자에 접근해 보자.

#돈_버는_재테크
#실행력 #경제적_자유

우리는 공부하는 재테크가 아닌 돈 버는 재테크를 해야만 한다. 공부를 많이 한다고 해서 재테크의 고수가 되는 것은 아니다. 빠르게 부자가 되고 싶다면 빠르게 실행해야 한다. 그것이 어떤 것이든 간에 생각을 실천으로 옮겨야 한다. 미국의 물리학자 알베르트 아인슈타인은 이런 말을 남겼다.

> "어제와 똑같이 삶을 살면서
> 다른 미래를 기대하는 것은 정신병 초기증세이다"

월세 받는 직장인과 월급만 받는 직장인의 차이를 만드는 건 곧 '실행력'이다. 아마도 당신은 일주일이란 시간 중 2일의 주말을 보상받기 위해 5일 동안 직장에서 모든 에너지를 쏟으며 열심히 일할 것이다. 그럼 꿀 같은 주말이 기다리고 있으며, 그것이 당신에게 적당한 안락함과 만족감을 느끼게 해줄 것이다. 하지만 부자들의 마인드는 다르다. 지금의 안락함과 편안함을 포기하고 미래의 '경제적 자유'를 얻기 위해 많은 시간을 쪼개서 재테크 공부를 하고 실행에 옮긴다. 바로 이런 '실행력'이 미래의 경제적 자유를 얻는 승리자와 패배자를 가른다.

50년이란 시간 동안 직장의 무한경쟁 속에서 살아갈 것인가? 아니면 현명한 선택으로 그러한 인생에서 빠르게 탈출할 것인가? 선택은 당신에게 달렸다.

03 월세 받는 부동산, 빠른 시작이 답이다

#돈이_좋은_이유
#세_가지

"돈이 없어도 젊으면 되지만 돈 없이 늙을 순 없어. 늙으면 돈이 있어야 해. 왜냐하면 돈 없이 늙는 건 너무 끔찍하니까. 그러니까 젊거나 돈이 있거나 둘 중의 하나야. 늙었는데 돈이 없으면 안 돼. 이게 진리야."

미국의 극작가 테네시 윌리엄스의 희곡 〈뜨거운 양철 지붕 위의 고양이〉에서 아버지의 유산에도 별 관심이 없는 남편 브릭에게 아내 마가렛이 던지는 대사다. 필자도 마가렛의 말처럼 돈을 좋아한다. 필자가 돈을 좋아하는 이유는 세 가지이다.

첫째, 행복하고 자유로운 삶을 살기 위해

둘째, 많은 것들을 경험해 보기 위해

셋째, 존경받고 사랑받으며 주변에 선한 영향력을 주기 위해

사람들은 돈을 좋아하는 사람들에게 '돈만 밝히는 돈벌레' '추해 보인다' '철 없는 속물이다'라고 말한다. 그런데 그렇게 말하는 사람들 역시 한 번쯤은 로또에 당첨되는 꿈을 꾼다. 그 말은 결국 '돈이 좋다'는 일부의 마음이 반영된 게 아닐까?

우리는 돈을 보는 관점을 바꿔야 한다. 돈은 추하고 더러운 것이 아닌, 우리들의 삶을 윤택하고 행복하게 만들어 주는 하나의 도구이다. 대부분의 성공한 CEO들은 "돈은 목표와 목적이 아니라 하나의 수단이다"라고 말한다. 그럼, 우리는 돈을 벌기 위한 수단으로 어떤 도구를 사용할 것인가?

#부자가_되는_도구
#부동산

나는 10대 유년시절, 지독한 가난이 너무 싫었다. 시골마을에서 살았던 나는 농사를 짓는 부모님 밑에서 자랐다. 가끔 어머니는 시내에 5일장이 열릴 때면 나를 데리고 장사를 나가시곤 했다. 상점도 없이 길거리 바닥에 갖가지 채소와 나물을 깔아 놓고 판매를 했다. 남들은 버젓이 상점에 자판을 깔고 장사를 했지만 어머니는 가판대 하나 없이 도로 한 켠 콘크리트 바닥에 쪼그려 앉아 장사를 했다. 당시 초등학생이었던 나는 '왜 다른 사람들은 건물 안에서 장사를 하는데 우리 어머니는 가게도 없이 시장 바닥에 쪼

그려 앉아 장사를 하고 있는 걸까?'라고 생각했다. 하지만 나이가 들어 작은 점포 하나 얻을 돈조차 없었기 때문에 그랬다는 것을 알게 되었다. 지금도 그때의 어머니 모습을 생각하면 가슴이 짠하고 저려온다.

어린 시절, 그런 가난이 너무 싫었지만 지금은 어린 시절의 그 가난이 너무 감사하게 느껴진다. 어려운 유년시절 탓에 10대부터 신문배달, 공사장 일용직, 파프리카 수확, 도축장 알바, 배달 알바 등 수십 가지 직업을 거쳐야 했지만, 가난은 내가 성장하는데 있어 많은 경험과 지혜를 주었다. 그렇게 힘들었던 과거는, 지금 내가 살아가는 방법들을 선택하게 했고, 내가 나아가는 길에 있어서 올바른 길을 걸어가게 만들어 주었다. 결국 많은 직업을 거친 후 내가 부자가 되기 위해 마지막으로 선택한 도구는 '부동산'이었다.

#부자가_되는_사람은_따로_있다
#부자의_꿈을_꾸어라

나는 학창시절 공부를 잘하는 학생이 아니었다. 남들은 '공부를 잘해야 부자가 되는 거야'라고 말했지만 나는 공부를 잘해야 부자가 되는 게 아니라는 것을 일찍이 깨달았다. 공부를 잘하고 못하고, 좋은 집안에서 태어나건 불우한 환경에서 태어나건 부자가 되는 사람들은 따로 있다는 것을 알고 있었다.

나는 자기가 처한 상황과 관계없이 많은 돈을 벌고 큰 명예를 얻은 사람들, 어려운 현실을 돌파하고 자수성가한 사람들은 도대체 어떤 사람들인지 너무 궁금했다. 그들을 만나 부자가 되는 방법과 그들의 마인드와 철학을 배우고 싶었다. 그리고 책을 통해 성공한 사람들을 간접적으로 만날 수 있었다. 책을 읽기 시작하면서 그들의 생각과 철학을 배울 수 있었다. 시간이 나면 쉬지 않고 몰입독서를 했다. 그렇게 성공한 사람들의 특징을 알게 되었다.

그들은 모든 것을 결과에서부터 시작했다. '많은 돈을 벌고 싶다….' '나도 언제쯤 행복한 삶을 살겠지….'라는 생각이 아닌 '나는 이미 부자야' '나는 벤츠E클래스쿠페인 카브리 올레와 페라리 캘리포니아 T를 번갈아 타며 억대 연봉을 벌고 있어'라고 자기체면을 걸고 벌써 모든 꿈이 이루어진 듯이 행동하고 생각했다. 결국 그런 간절한 소망은 행동으로 이어지게 되고 그 꿈을 모두 이룬다는 것이다.

나도 20대 중반, 부동산 부자가 되고 싶다는 간절한 꿈을 꿨다. 이미 이루어진 듯한 상상을 하고 그 꿈을 이루기 위해 행동했다. 그 당시 나의 꿈은 월세 받는 건물주였으며, 돈으로부터 자유로워지는 것이었다. 그렇게 나는 부동산에 발을 내딛은지 10년 만에 그 꿈을 이뤘다. 매달 월세 받는 부동산을 보유하고 있으며, 30대 초반에 건물도 지었다. 그리고 이제 더 큰 꿈을 향해 도약하고 있는 중이다.

CASE #신혼부부 #3,000만원
#경매_투자 #양도차익

세미나에 참석한 젊은 신혼부부가

있었다. 장문의 이메일을 보냈던 부부는 나를 롤모델이라고 하며, 부동산 재테크에 대한 열정을 보여줬다. 그렇게 인연이 되어 나에게 1:1 컨설팅을 받게 된 부부는 사회 초년생으로 맞벌이를 하는 직장인이었다.

당시 그들은 신혼집을 따로 장만하지 않고 회사 근처의 작은 오피스텔에서 월세로 거주하고 있었다. 신혼생활을 작은 오피스텔에서 시작하는 것이 쉬운 일은 아니었겠지만 젊은 부부에게는 나름대로의 이유가 있었다. 내 집 마련을 위해 월급의 대부분을 저축하며, 지금 당장의 월세살이를 감수한 것이다. 부부는 목돈이 마련되면 집도 사고 부동산 재테크도 해보는 게 꿈이라고 말했다. 나는 이런 젊은 부부가 정말 좋았다. 이런 젊은 사람들이 상담을 요청할 때면 세상만사 다 제쳐두고서라도 도와주고 싶었다.

젊은 부부가 부동산 재테크를 위해 융통가능한 금액은 4,000만원이었다. 부부는 수익형 부동산에 투자해 매달 월세를 받고 싶어 했지만, 그 투자방식은 젊은 부부에게 맞지 않았다. 나는 젊은 나이를 감안해 좀 더 공격적인 단기투자 방식을 제안했다. 즉, 매달 월세를 받는 방식이 아닌 '양도차익'을 보기 위한 투자에 초점을 맞춰 컨설팅을 진행했다. '양도차익' 투자방법은 간단하다. 시세보다 저렴하게 부동산을 매입해 시세에 되파는 방식이다.

나는 젊은 신혼부부에게 경매 투자를 추천했고 나와 함께 시간을 갖고 경매물건을 찾아보기로 했다. 경매물건은 인천시에 있는 85㎡ 미만 아파트를 중점적으로 찾았다. 당시 인천시의 중형아파트들 중에는 나홀로 아파트나 감정가 대비 저평가된 아파트가 많았고, 경

2011타경		인천지방법원 본원	매각기일 : 2012.04.09(月)(10:00)	경매 8계(전화:032-860-1608)
소재지	인천광역시 중구 신흥동3가 7-9, 한별프라이빌 2층			
물건종별	아파트	감정가	175,000,000원	오늘조회: 1 2주누적: 0 2주평균: 0
대 지 권	43.99㎡(13.307평)	최 저 가	(70%) 122,500,000원	구분 / 입찰기일 / 최저매각가격 / 결과 1차 / 2012-03-09 / 175,000,000원 / 유찰 2차 / 2012-04-09 / 122,500,000원
건물면적	84.802㎡(25.653평)	보 증 금	(10%) 12,250,000원	낙찰: 141,850,000원 (81.06%) (입찰10명,낙찰:박 / 차순위금액 140,900,000원)
매각물건	토지·건물 일괄매각	소 유 자	차	매각결정기일 : 2012.04.16 - 매각허가결정
개시결정	2011-09-06	채 무 자	차	대금지급기한 : 2012.05.16
사 건 명	임의경매	채 권 자	캐피탈(주)	대금납부 2012.05.10 / 배당기일 2012.06.28 배당종결 2012.06.28

- 소재지 : 인천시 중구 신흥동 아파트
- 감정가 : 1억 7,500만원(100%)
- 당시 실거래가 시세 : 1억 8,500만원
- 최저경매가 : 1억 2,250만원(70%) 1회 유찰(인천시 1회 유찰시 경감율 감정가 대비 30%)
- 낙찰가 : 1억 4,185만원(81%)
- 낙찰 후 매매가 : 1억 7,500만원
- 양도차익 : 3,315만원 (세전)

쟁률도 높지 않았기 때문에 접근하기가 수월했다(당시 2012년도 인천시 아파트의 평균 낙찰가율은 78~84%였다). 그렇게 한 달 만의 노력 끝에 한 아파트를 낙찰 받게 되었다.

우리는 감정가 대비 81%인 1억 4,185만원에 낙찰을 받았다. 실제 거래되는 시세는 1억 8,500만원으로, 감정가 1억 7,500만원보다 1,000만원 높았다. 경락대금 납부와 동시에 소유권이전을 하고, 매각대금 납부를 위해 새마을금고에서 80% 대출을 받았다. 상환방식은 거치식으로 일정 기간 동안 이자만 지불하는 방식을 선택했다. 우리는 시세보다 4,000만원 가량 낮은 금액으로 낙찰을 받았기 때문에 여유를 가지고 매각을 하기로 했다.

당시 그 아파트에는 채무자 겸 소유자가 거주하고 있었는데, 명도 시 가장 까다로운 상대가 망해서 나가는 채무자 겸 소유자이기 때문에 협의가 쉽지 않을 것으로 예상했다. 그러나 예상과는 달리 채무자 겸 소유자와 협의가 잘 이루어져 수월하게 명도를 진행했다.

처음부터 단기투자가 목적이었기 때문에 명도와 동시에 집안을 간단히 청소하고 생활 마모로 파손된 시설물을 수리했다. 월세나 전세처럼 임차를 주기 위한 목적이 아닌 집을 재매매하기 위해서는 고장 나거나 허름한 데를 손보는 게 관건이었다. 대부분 집을 매수하여 실거주를 목적으로 하는 사람들은 자신의 취향에 맞게 인테리어를 하고 들어오는 경우가 많기 때문이다. 그래도 최대한 매도타이밍을 앞당기기 위해 우리는 도배와 전구 교환 등 필요경비를 줄일 수 있는 범위 안에서 최대한 깔끔하게 내부를 수리했다.

그렇게 모든 정리가 끝난 뒤에 낙찰 받은 아파트를 주변 공인중개사 사무소에 내놓았다. 두 달쯤 될 무렵 근처 부동산에서 연락이 왔다. 시세보다 1,000만원만 싸게 주면 바로 계약금을 입금하겠다는 매수자가 있다는 것이었다. 나는 부부에게 조금 양보하더라도 매도타이밍을 놓치지 않았으면 좋겠다고 조언했고, 1억 7,500만원에 매매계약을 체결했다. 낙찰부터 계약까지 정확히 2개월이란 짧은 기간에 전매를 했고, 양도차익은 3,300만원 가량 되었다(세전). 2개월 만에 투자금 대비 100%의 엄청난 수익률을 만들어 낸 것이다.

현재의 안락함보다 미래를 위해 부동산 투자를 선택한 젊은 부부는 지금도 나와 함께 투자를 이어가고 있다. 소액으로 시작한 경매 투자였지만 한 번의 투자로 끝내지 않고 부지런하게 투자를 이어간 부부는 현재 부동산으로부터 매달 두 번씩 월세를 받고 있으며, 월세살이 좁은 오피스텔이 아닌 30평대 대출 없는 아파트에서 새로 태어난 예쁜 딸과 함께 행복한 나날을 보내고 있다.

> 돈은 힘이다!
> 당신은 그 힘을 손에 넣으려는
> 열망을 가져야 한다.
> – 러셀 콘웰

부동산 투자, 선택이 아니라 필수다

#고정적_수익 #돈이_모이는_곳
#은행은_답이_없다

사람들의 걱정에서 가장 많은 부분을 차지하는 것이 '집'과 '돈'이다. 당신은 이런 걱정거리에서 해방되기 위해 어떠한 노력을 하고 있는가? 혹시 열심히 저축을 하고, 보험상품에 가입하며, 은행 직원에게 펀드상품의 가입을 권유 받고 있지는 않은가? 그렇다면 짧은 질문을 하나 해보자.

"과연 당신에게 조언을 해주는 전문가들은 부자인가?"

"자신의 전문분야에서 많은 돈을 벌고 있는가?"

대부분의 금융권 종사자들은 자신의 분야에서 많은 돈을 벌지 못하거나 또는 자신의 분야가 아닌 전혀 다른 분야에서 소득을 내는 경우가 허다하다. 심지어는 자신이 경험하거나 실천해 보지 못한 상품을 이론만을 앞세워 고객에게 투자를 권유하기도 한다.

자본주의 사회에서 돈을 버는 가장 쉬운 방법은 돈을 굴리는 것이다. 많은 돈을 보유하고 있는 사람이 더 많은 돈을 번다는 것은 초등학생도 알고 있다. 100억원을 가지고 있다면 그 100억원으로 연 4%의 이자만 받아도 월 3,333만원의 이자소득을 얻을 수 있다. 원금에는 손을 댈 필요없이 돈으로부터 해방된 삶을 살 수 있다. 그러나 이자를 받을 원금이 없다면 어떻게 하겠는가? 월급 외에 추가적인 소득을 받을 수 있는 시스템을 만들어야 한다. 많은 돈이 없다고 해서 평생 월급쟁이 노동자로만 살 수는 없지 않은가?

고정적인 수익을 만들어 내기 위해서는 돈이 모이는 곳으로 움직여야 한다. 다시 한 번 강조하지만 돈을 모아두는 예·적금에는 더 이상 답이 없다. 저축은 단지 종잣돈을 마련하기 위한 예치수단일 뿐이며, 그 이상도 이하도 아니기 때문이다. 물론 100억원을 가지고 있는 사람이라면 은행과 협의해 우대금리를 받고 은행에 돈을 예치하거나 빌려줘도 된다. 하지만 일반 사람들에게는 먼 나라 이야기일 뿐이다.

#사업 #주식_투자 #부동산_투자
#당신의_선택은?

그럼, 자본이 없는 사람들이 돈을 벌기 위한 방법은 무엇이 있을까? 당연히 돈이 기하급수적으로 몰리는 곳으로 가야 한다. 사람이 모이는 곳에 돈이 몰릴 수밖에 없다. 사람과 돈이 몰리는 곳으로는 부동산시장, 주식시장 그리고 자영업이 있다. 그렇다면 여기서 당신은 무엇을 선택할 것인가?

10%의 성공 가능성이 있는 자영업을 시작하겠는가? 50%의 가능성으로 주식에 배팅하겠는가? 필자가 선호하는 돈이 열리는 시스템은 당연히 '부동산'이다. 수많은 부자들과 유명 연예인들이 부동산 투자에 열광하는 이유는 시세가 아무리 폭락하더라도 주식처럼 휴지조각이 되거나 자영업처럼 빚더미에 앉을 위험이 적으며, 본전치기라도 할 수 있는 현물이 남는다는 것이다.

최근 방송이나 인터넷 등 각종 매체에서 이슈가 되는 내용 중 하나가 유명 연예인이나 방송인들이 빌딩이나 건물을 매입해 엄청난 시세차익을 보고 있다는 내용이다. 실제로 여러 연예인들은 꼬마빌딩 또는 건물을 매입하여 수십억원의 시세차익을 보고 있다. 그리고 부자나 연예인이 아닌 당신도 수익형 부동산을 통해 돈으로부터 자유를 얻을 수 있다.

나 역시 부동산 투자를 시작할 당시 등기사항증명서(등기부등본)조차 볼 줄 모르는 까막눈이었다. 하지만 부동산으로 부자가 된다는 생생한 꿈을 가지고 지금까지 목표를 실행해 왔고, 지금은 충분히 만족하고 있다. 어찌 보면 '너무 무모하다' '현실적이지 못하다'라고 생각할 수도 있겠지만 사람들은 필자처럼 행동하지 못하는 것이 인생에 더 큰 걸림돌이 된다는 사실을 모른다. 행동하지 못하는 것이 더 무서운 것이다. 실패에 대한 두려움 때문에 시도를 망설이다 기회를 놓치지 말기를 바란다.

#소액투자 #실행
#부동산 #선택과_집중

그렇다면 두려움에서 탈피할 수 있는 가장 빠른 방법은 무엇인가? 바로 '실행'이다. 일단 소액투자라도 실행에 옮겨보는 것이다. 우리에게는 '언젠가'를 '오늘'로 바꿀 수 있는 그런 추진력이 필요하다. 나 역시 부동산 소액투자자였다. 그렇지만 남들보다 먼저 부동산 투자를 시작했고 많은 지식을 습득하기 위해 몰두했으며, 확실한 의사결정으로 부를 축적했다. '선택과 집중'이란 말처럼 저축이나 주식·펀드에는 관심을 두지 않고, 돈이 열리는 시스템 중 가장 가능성이 높은 시스템(부동산 투자) 하나를 선택해 집중했다. 물론 투자에 있어서 여러 경험을 해보는 것은 중요할 수 있다. 그러나 자신에게 필요한 투자, 그리고 원하는 것을 얻기 위해서는 한 가지를 선택해 집중하는 것이 더 유리하며, 더 많은 돈을 벌게 해준다. 또한 그 분야에서 진정한 전문가로 거듭나게 된다. 그만큼 선택은 중요하다. 그리고 모든 선택은 당신의 몫이다.

CASE

#주식에_빠진_남편
#부동산을_선호하는_아내

12월 크리스마스 이브 전날, 한 부부가 찾아왔다. 아내와 함께 필자에게 부동산 상담을 받으러 온 H씨는 잘나가는 광고회사의 과장으로 있었다고 한다. 연봉도 꽤 높았고, 재테크로 주식·펀드 등에 분산투자를 하며 쏠쏠한 수익을 얻기도 했다고 한다. 하지만 무리한 주식 투자로 인해 재산의 3분의 2를 잃고 결혼 당시 장만한 서울 마포구에 있던 아파트까지 처분하며 경기도로 쫓겨나듯 이사를 해야 했다. 주식 투자 실패로 다니던 직장도 그만두고 방황을 하다 자영업에 도전했지만 2년 만에 정리를 해야 했다. 매장 보증금과 시설권리금으로 받은 돈을 마지막이라고 생각하고, 아내와 함께 부동산 투자 상담을 받으러 온 것이다.

그러나 H씨는 상담 내내 부동산이 아닌 과거 자신의 주식 투자 이야기만 쏟아냈다. 자신의 성공담과 실패담을 이야기하며 수차례 한숨과 함께 말을 이어갔다. 그러다 아내가 잠시 화장실에 간 틈을 타 자신의 속마음을 이야기했다.

"사실 저는 아직도 부동산보다 주식이 좋습니다. 물론 지금은 주식으로 망했지만요. 아내가 부동산 투자에 관심이 많아 찾아오긴 했지만, 제 생각에 부동산 투자는 수익률이 너무 낮은 거 같아요. 주식은 잘만 들어가면 원금의 두 배도 벌 수 있거든요. 그거에 비하면 부동산은 수익률이 너무 낮아서 매력이 없어요."

당장 전세살이를 하면서도 돈이 생기면 다시 한 번 주식에 배팅하고 싶다고 말하는 H씨의 관심은 온통 주식에 빠져 있었다. 수익률이 높다는 것은 그만큼 위험도 크다는 것이다. H씨는 주식으로 큰 손해를 보고도 몇 차례 재미를 본 사례 때문에 주식에 미련이 남아 있었다.

그런 그와 반대로 H씨의 아내는 부동산에 관심이 많았다. 남편은 높은 수익률만 쫓는 반면, 아내는 현실적인 수익률과 안정적인 자산에 투자하는 것을 선호했다. 실제 아내는 소소하지만 한두 차례 경매 투자와 아파트 분양권 투자를 경험하며, 나름 성공적인 투자를 진행하고 있었다.

이렇듯 같이 사는 부부라도 투자 성향은 전혀 다르고 선택도 달랐다. 여기서 우리가 얻을 수 있는 교훈은 어떤 선택을 하느냐에 따라 인생의 판도가 달라진다는 것이다.

#부동산_투자_3원칙
#수익성 #안전성 #환금성

앞에서도 말했듯이 당신이 선택하는 재테크 방식은 앞으로 당신의 생존과 직결될 만큼 중요하다. 기준금리 1%의 초저금리시대에 접어들면서 "금리가 정말 기가 막히고 코가 막힌다"라는 소리가 여기저기서 터져 나온다. 그래서일까? 재테크에 관심이 좀 있다는 사람들이 수익형 부동산에 몰려들고 있다. 하지만 부동산 투자를 만만하게 생각하고 섣불리 덤벼들었다가 쓰라린 실패의 추억만 남기기도 한다.

나는 부동산 투자에서 가장 중요한 투자원칙 세 가지를 말하라면 안전성, 수익성 그리고 환금성을 꼽고 싶다. 하지만 이 세 가지 원칙 중에서도 투자자의 성향과 투자금에 따라 최우선순위는 달라질 수 있다. '수익형 부동산'(매달 월세가 들어오는 부동산) 투자인지 아니면 단기형 투자(오랫동안 보유하지 않고 단기양도차익을 남기기 위한 투자)로 양도차익을 보기 위한 투자인지에 따라 다르다.

소액투자자의 경우는 수익형 부동산을 매입하는 것보다 단기형 투자, 즉 '환금성'에 우선순위를 두고 투자하는 것이 유리하다. 주로 소형아파트, 빌라, 분양권, 경매 투자가 될 수 있다. 반대로 '수익형 부동산'에 투자를 한다면 중장기적인 관점에서 접근해야 하기 때문에 '환금성'보다는 투자의 '안전성'과 '수익성'이 우선순위가 된다. 즉 수익형 부동산의 경우 고정적인 임대수익률을 기대할 것인지, 매도 시에 높은 시세차익을 얻을 것인지에 초점을 둬야 한다. 또한 수익형 부동산은 장기적으로 보유한다는 점에서 경기변동이나 부동산 정책에 민감하게 반응하지 않아야 안전하다. 수익형 부동산 투자는 투자금에 따라 투자대상도 달라지는데, 주로 통상가, 토지, 꼬마빌딩, 점포주택, 주거용 주택 등을 자신이 보유하고 있는 투자금에 맞게 결정하면 된다.

이제 수익형 부동산으로 자율적 시스템을 만들어 돈으로부터 자유로운 인생을 설계해 보는 건 어떨까? 당신이 월급쟁이 직장인이라면 부동산 투자는 더 이상 선택이 아닌 생존을 위한 필수전략이다.

그 무엇으로도 대체할 수 없는
존재가 되기 위해서는
늘 남달라야 한다.
― 가브리엘(코코) 샤넬

긍정적인 생각이 기회를 만든다

#투자_타이밍 #올바른_선택
#과감한_결정 #마음가짐 #첫투자 　　부동산 투자를 하다 보면 수많은 기회를 포착하게 된다. 하지만 기회를 포착하더라도 이를 실행에 옮기지 못하고 놓쳐 버리는 경우가 허다하다. 조금 더 좋은 기회가 올 것이라는 기대와 두려움 때문이다.

"아파트 분양권을 작년 초 프리미엄이 적을 때 잡았더라면…"

"전세 살고 있는 집을 싸게 판다는 집주인의 말을 들었더라면…"

"그때 그 가격에 팔지 않고 조금만 더 기다렸더라면…"

결국 소득 없는 늦은 후회를 하며 신세한탄만 하게 된다. 모든 투자에서 완벽한 타이밍이란 없다. 단지 하루라도 빨리 시작하는 것이 절호의 기회를 잡을 수 있는 방법이다.

나는 <u>완벽한 타이밍을 만들어내는 것은 올바른 선택과 결정 그리고 마음가짐이라고 생각한다</u>. 올바른 선택과 결정을 통해 시간을 줄일 수 있으며, 시간을 가치 있게 활용할 수 있다. 또한 완벽한 타이밍은 무언가를 연구하고 욕구를 좇는 사람들에게 찾아오기 마련이다. 부동산시장은 더욱 그렇다. 미국의 성공한 호텔 경영자 오슨 스웨트 마든은 이렇게 말했다.

"실패를 두려워 하지 마라.
시도조차 하지 않을 때 놓치게 될 기회나 걱정하라."

많은 사람들은 투자를 하기도 전에 걱정부터 한다. 하지만 성공한 사람들은 걱정하기보다 그 기회를 잡아 큰 부자가 되어 시간으로부터 자유로워진다. 그럼, 부자와 빈자와의 차이를 구별하는 요인은 무엇일까? 부자들은 실행을 했다. 하지만 빈자들은 실행하지도 않았고 아무것도 하지 않았다.

투자는 너무 많은 것을 연구하기보다 자신만의 원칙을 세워 신중하게 진행하는 것이 장기적인 투자를 할 수 있는 최선의 방법이며, 잦은 실수를 줄일 수 있다. 수많은 부동산 전문가들의 투자패턴만 살펴봐도 알 수 있다. 그들은 많은 것을 살피기보다는 자신의 확신과 노하우 그리고 수익률을 보고 과감히 투자를 결정한다. 마치 전문 투우사가 소의 급소를 정확히 찌르는 것처럼 말이다. 물론 이런 확신과 노하우가 생기기 위해서는 먼저 투자의 첫걸음을 떼는 데 힘을 쏟아야 한다. 왜냐하면 그 누구도 당신에게 투자의 기회를 주거나 지식을 선물하지 않기 때문이다. 많은 초보투자자들이 기회를 포착했음에도 불구하고 주변의 말에 흔들리거나 너무 많은 고민을 하다 기회가 왔다갔는 줄도 모르게 흘려보내는 경우를 보면 너무 안타까울 뿐이다.

#투자_이벤트 #최우선순위
#잘_팔리는_부동산 #싸게_구입

부동산시장은 하락과 회복 그리고 상승을 반복하며, 호재와 악재 사이에서 새로운 가격이 만들어진다. 각종 부동산 정책과 금리 인하 등 매년 새로운 이슈(issue)가 발생하며, 적게는 몇 번에서 많게는 수십 번의 투자 이벤트가 생긴다. '이벤트'란 부동산 경기가 하락구간에서 회복구간으로 들어서거나, 회복구간에서 상승구간으로 진입하는 타이밍과 정부 정책에 따른 투자기회를 말한다. 따라서 일년에 한두 번만 이런 기회를 잘 낚아챈다면 연봉보다 많은 수익을 얻을 수 있다. 그럼 우리도 평범한 직장인에서 빠른 추월차선을 타고 부자가 되는 길로 들어설 수 있다.

평범한 사람들이 부동산 부자가 될 수 있었던 것은 부동산 공부를 열심히 해서, 발품을 많이 팔아서가 아니다. 기회의 흐름을 잘 타고 배팅할 돈이 준비되어 있었기 때문이다. 과거 1997년 IMF 외환위기, 2008년 금융위기, 2012년 유럽발 금융위기로 인한 경기불황 속에서도 이런 '빅 이벤트'의 흐름을 잘 타 엄청난 돈을 번 빌딩부자들처럼 말이다.

부동산 투자에 앞서 고객들이 가장 많이 하는 질문이 있다.

"지금 투자해도 되나요?"

"혹시 집 값이 떨어지면 어떡하죠?"

"너무 비싼 거 아닌가요?"

하지만 이런 걱정들은 투자의 기회만 잘 잡는다면 큰 고민거리가 되지 않는다. 그럼, 기회는 어떻게 잡아야 하는가? 나는 투자에 앞서 '최우선순위를 정하라'고 말하고 싶다. <u>우선순위 중에서도 부동산을 매수할 때 다시 되팔아야 하는 상황을 1순위로 고려하는 것이다. 일명 '잘 팔리는 부동산'을 매수하는 것이 가장 중요하다.</u> 잘 팔리는 부동산은 파는 사람과 사는 사람 양쪽 모두 선호하는 부동산이기 때문에 인기가 높고 시세도 꾸준히 상승한다. 또한 잘 팔리는 부동산 주변으로는 개발 호재와 지속적인 인구 유입, 교통·교육시설이 잘 갖춰져 있다. 우리는 이런 잘 팔리는 부동산을 가장 싼 가격으로 사들이면 된다(시세보다 싸게 사는 방법은 급매 또는 경매, 공매, 시행사 할인분양, 소유주의 사정에 의한 미등기 전매 부동산이 있다). 그리고 정말 투자를 잘 한 것인지에 대해서는 매도 후 수익의 결과로 나타난다.

CASE

#투자마인드
#긍정적인_생각 #열정   수익형 상가 투자와 관련해 상담을 받으러 온 J라는 고객이 있었다. J씨는 생각이 너무 많아 인생이 고달프고 피곤해 보일 정도였다. 한 번은 광교신도시에 위치한 수익형 상

가를 추천해 주었다. 역세권에 위치한 신규 상가였는데, 투자금 대비 수익률도 괜찮고 장기적으로도 꾸준한 상승효과를 기대할 만한 상가였다. 그런데 몇 날 며칠 동안 고민만 하다 결국 다른 사람이 먼저 계약을 하는 바람에 아깝게 놓치고 말았다. 또 다시 B라는 아파트 단지 내 상가를 어렵게 찾아 추천해 주었다. 분양과 동시에 소형마트가 입점이 확정된 상가라 안정적인 수익을 볼 수 있는 투자물건이었다. 하지만 J씨는 이런저런 불신과 걱정으로 또 다시 투자를 보류했다. 며칠 후 다시 나를 찾아온 J씨는 생뚱맞게 수익형 상가가 아닌 C라는 아파트 분양권에 대해 질문을 퍼부었다. 나는 상담을 멈추고 J씨에게 단호하게 말했다.

"선생님은 저에게 부동산 투자 상담을 받기보다 은행 창구직원에게 저축상품에 대해 상담을 받는 게 좋을 거 같습니다."

결국 나는 J씨에게 상담비를 환불해 주고 돌려보냈다. 아무리 좋은 물건을 소개하고 이야기를 해주어도 의심부터 가지고 부정적으로 생각하는 사람에게 돈을 벌게 해줄 생각이 없었고, 그런 곳에 더 이상 에너지를 낭비하고 싶지 않았기 때문이다.

#**실패_경험**
#**시행착오** #**투자노하우** 나는 많은 부동산 투자를 경험하면서 기회와 돈은 이기적이고 부정적인 사람에게는 끌리지 않는다는 것을 배웠다. 내가 부동산으로 많은 돈을 벌 수 있었던 이유 중 하나

는 부동산을 바라보는 긍정적인 생각과 열정이라고 생각한다. 물론 처음 투자에 입문했을 당시 열정만 앞서 많은 실패도 경험해야 했다. 경매 입찰을 잘못해 하루아침에 몇 천만원을 날려도 봤고, 빌라 시행 사업을 하면서 여러 가지 시행착오에 부딪치며 우울증과 스트레스에 시달리기도 했다. 원형탈모로 고생을 해야 했으며, 불면증에 시달리기도 했다. 이처럼 실패했을 때의 고통은 이루 말할 수 없다. 그러나 그런 시행착오를 겪으면서 나는 더욱 명확해 졌고, 투자에 대한 노하우가 하나둘 생기면서 더 많은 돈을 벌 수 있었다. 아마 지속적인 성공만 있었다면 나는 더 크게 성장하지 못했을 것이다. 성장의 속도와 성공의 결과는 오로지 경험에서 나온다고 해도 과언이 아니다.

#성급한_판단
#장기투자 #골든타임

부동산 투자에서 실패하는 가장 큰 이유 중 하나는 유행처럼 남들이 하는 잘못된 투자패턴을 똑같이 따라하기 때문이다. 또한 부동산은 주식이 아니기 때문에 장기적인 관점에서 투자해야 한다. 그런데 너무 조급하게 때를 기다리지 못해 손해를 보는 사람들이 있다. 예를 들어 일시적인 정부의 부동산 규제나 사회적 역풍으로 부동산 가격이 하락한다는 말에 놀라 손해를 보며 급하게 처분하는 경우이다. 특히 대출을 많이 받았거나 여윳돈이 없는 사람일수록 더욱 민감하게 반응한다. 또 남들이 돈을 벌었다는 소리에 뒤늦게 몇 천만원 오른 가격으로 추격매수에 나섰다가 손해를 보는 투자자들도 있다. 그리고 신기하게도 우리 주변에는 이런 사람들이 꽤 많이 있다.

지인 중 한 명이 2007년에 인천경제자유구역 청라국제도시에 개발사업 호재를 보고 여러 채의 아파트를 분양 받았다. 하지만 2008년 금융위기로 인해 계속해서 아파트 가격이 폭락하자 그는 밀려오는 불안감과 은행 대출에 대한 압박감을 견디다 못해 결국 몇 억원을 손해보며 급매로 아파트를 처분했다. 하지만 몇 년 뒤 그 지역은 언제 그랬냐는 듯이 시세를 회복했고 2017년 현재 그 아파트는 회복을 넘어 시세가 1억원 이상 올랐다. 아마 조금만 참고 기다렸다면 손해가 아닌 더 많은 돈을 벌 수 있었을 것이다.

나는 이런 투자자들이 서투른 결정을 했을 뿐, 잘못된 투자를 했다고 말하고 싶지는 않다. 나 또한 시행착오를 겪으며 성장했기 때문이다. 완벽한 투자의 '골든타임'을 잡기 위해서는 시간을 두고 기다려야 한다. 성급함은 오히려 좋지 않은 결과를 초래한다.

승자는 눈을 밟아 길을 만들지만
패자는 눈이 녹기만을 기다린다.
- 탈무드

내 집 마련으로 첫 경험을 하라

#전세대란
#내집마련 #집테크

　사람이 인생을 살다보면 세 번의 '기회'가 온다는 말이 있다. 그러나 세 번이라는 말은 상징적인 의미이지 꼭 세 번의 기회로 한정되는 것은 아니다. 이때 막연하게 '나에게도 언젠가 기회가 올 거야'라는 실천 없는 희망은 그저 공수표일 뿐이다. 중요한 건 준비된 사람만이 그 기회를 잡을 수 있으며, 받아들일 수 있다는 것이다.

　세상은 생각하는 만큼 보이기 마련이다. 그래서 나는 많은 사람들에게 '크게 보고 크게 생각하라'고 말한다. "부동산으로 얼마나 많은 돈을 벌고 싶냐?"는 질문에 이왕이면 100억원 이상을 말한다면 그 절반만 이루어도 50억원은 벌 수 있지 않겠는가?

평범한 직장인들에게도 부동산 투자의 기회는 반드시 온다. 그 중 최고의 투자는 우리가 거주할 집을 사는 것이다. 집은 거주 목적뿐만 아니라 하나의 투자수단이 될 수 있다. 전세가율이 치솟다보니 '전세대란'이라는 말까지 생겨나고 있지 않은가? 결국 우리는 이런 불가피한 상황에서 벗어나기 위해 집을 사야 하는 선택을 하게 된다. 이처럼 치솟는 전세가를 견디다 못해 집을 사야 한다면 이 기회에 제대로 '집테크'를 해보는 건 어떨까?

CASE
#1천만원_투자 #소형주택
#2년_만에_3천만원_수익

나는 초보투자시절, 주로 소형주택에 투자를 많이 했다. 소형주택은 다른 부동산에 비해 환금성도 좋고 투자금액도 부담스럽지 않기 때문이다.

주말이 되면 가끔 탁 트인 공원에 나가 조깅을 하곤 한다. 일산의 호수공원을 자주 찾는데, 호수공원에서 떠오르는 태양을 보며 달리다 보면 지쳐있던 몸과 마음에 생기를 되찾게 된다. 일산 호수공원의 아름다운 풍광에 매료된 나는 호수공원 근처에 '내가 살고 싶은 주택을 가지고 싶다'는 생각을 하게 되었다.

그래서 조깅을 하고 난 후에는 일산에 위치한 공인중개사 사무실에 들러 급매물로 나온 빌라가 있으면 찾아달라고 요청을 하고 돌아왔다. 당시 3,000만원의 종잣돈으로 투자할 수 있는 물건을 찾던 중이었는데, 어느 날 공인중개사에서 연락을 받았다. 작은 빌라 하나가 급매로 나왔으니 빨리 와보라는 것이었다. 그날 저녁 중요한 약속을 취소하고 일산으로 향했다. 사장은 "이거 잡기만 하면 내가 시세에 팔아줄게"라고 호언장담을 하며 매수를 부추겼다.

주인이 분양 받아 계속 살고 있었던 집이라 내부가 깔끔하고 다용도실과 베란다가 있는 구조로 채광이 좋은 빌라였다. 무엇보다 마음에 든 건 가격에 비해 고급자재로 튼튼하게 지어졌다는 점이다. 버스정류장도 빌라 바로 앞에 위치해 있었고, 전철역까지는 도보 10분 거리여서 교통여건도 꽤 좋았다. 또 주변 상권 형성도 잘되어 있어 미래가치가 있는 주택이었다. 가장 중요한 것은 집 주인이 이민 때문에 시세보다 1,000만원이나 싸게 내놓았다는 것이다.

당시 나는 투자보다는 실제로 내가 살고 싶은 집을 사야겠다는 생각으로 접근했다. 일산에 살아보고 싶었기 때문에 그런 마음이 더 컸다. 사람들은 자신이 실제 거주한다는 생각으로 집을 보게 되면 하나하나 더 꼼꼼히 살펴보게 된다. 나는 단 하루 만에 결정을 하고 다음날 오전에 공인중개사를 찾아가 집 주인에게 계약금을 송금하고 계약을 체결했다. 당시 9,000만원에 샀는데, 매수 후 2주도 안 돼 전세를 희망하는 세입자가 나타나 8,000만원에 임차를 줄 수 있었다. 세입자의 전세자금 8,000만원과 나의 투자금 1,000만원으로 매매 잔금과 동시에 소유권을 이전했다. 단돈 1,000만원으로 빌라 한 채를 소유하게 된 것이다(물론 취득세 등 부대비용은 별도이다).

전세계약은 2년이었는데, 전세계약기간 1년이 지날 때쯤 빌라의 시세가 급등해 매수할 때보다도 무려 3,000만원이나 올라 있었다. 나는 전세 만기가 도래하기 6개월 전에 주변 부동산에 매물을 접수해 놓았고, 운 좋게도 전세 만기 전에 매수자를 구해 빌라를 처분할 수 있었다. 9,000만원에 산 빌라를 1억 2,000만원에 판 것이다. 결국 1,000만원을 투자해 2년 만에 3,000만원의 양도차익(세전)을 볼 수 있었다.

#현실가능한_투자
#소신있는_투자 #긍정적_생각   이 사례처럼 처음부터 무리한 투자가 아닌 내 집 마련을 위해 부동산을 산다고 접근하면 부동산 투자의 첫 단추를 채우는 건 어렵지 않다. 한 번의 성공으로 불가능하게만 여겨졌던 부동산 투자가 아주 쉽게 느껴지는 경험을 하는 것이다.

부동산 투자는 실제로 자기가 경험해 보지 않으면 알 수 없는 분야이다. 한 번의 투자가 있어야만 그 다음 투자를 진행할 수 있고 다음 단계로 넘어갈 수 있다. 결국 그 단계까지 가기 위해 우리가 거주할 집을 먼저 이용해 보는 것이다. 처음부터 부동산 투자를 잘하는 사람은 없다. 차근차근 내가 살아야 할 집부터 시작해 투자를 경험하다 보면 또 다른 투자의 기회를 포착하게 되고, 그 기회가 당신에게 많은 수익을 가져다 주게 된다.

사람들의 시각은 가지각색이다. 어릴 때 학교 선생님이 '생각을 긍정적으로 해야 한다'라며 들려준 대표적인 이야기가 유리잔에 채워진 물 이야기다. 유리잔에 물이 반 정도 채워져 있을 때 어떤 학생은

'이제 겨우 반이 채워졌구나'라고 생각하지만 어떤 학생은 '벌써 반이나 찼네'라고 생각한다. 이 작은 생각의 차이가 인생의 방향과 희비를 바꾸게 된다는 것이다.

　이는 부동산 투자에 있어서도 마찬가지다. 한 도시의 부동산시장을 놓고도 전문가들의 의견은 정반대로 해석되기도 한다. 이를테면 'A라는 도시의 아파트 분양시장이 전 분기 대비 거래량이 증가하면서 가격이 오르고 있다'라는 기사를 두고 일부 부동산 전문가들은 '호신호'라고 반기는 반면, 다른 부동산 전문가들은 '과도한 공급으로 인해 부동산가격은 폭락할 것이 분명하다'라며 '적신호'라고 받아들인다. 이러한 상황을 두고 많은 경제학자들은 '편향동화 현상'이라고 분석한다. 즉, 사람들은 중립적인 입장에서 정보를 처리하지 않고 각자의 선입견이나 생각으로 자신의 입장에서 해석하려 한다는 것이다. 따라서 부동산을 바라보는 시선이 부정적인 사람에게는 아무리 좋은 정보나 투자기회를 주어도 좋지 않은 쪽으로 해석하려 한다. 반면 투자에 적극적인 사람은 좋지 않은 시장상황에서도 좋은 신호를 찾아내 투자기회를 만들려고 한다. 이처럼 막상 부동산 호재가 있는 지역에서도 부정적으로만 생각하고 망설인다면 투자기회를 놓치게 된다. 때로는 투자에 앞서 일부 전문가들의 말이나 뉴스에 휘둘리지 않고 소신 있게 행동하는 의연함이 필요하다.

#공인중개사_투자_협력자
#투자_기회 #항상_있다

한 방송의 예능프로그램에 출연한 YG엔터테인먼트 대표 양현석 씨는 "7년 동안 중개사무소 한 곳에서 매일 김치찌개를 먹으며 부동산 관련 정보를 들었다"라고 말했다. 물론 자신만의 소신을 가지고 뚝심 있게 한 우물만 파며 투자를 실천한 그의 노력은 대단한 것이다. 하지만 7년 동안 한 중개사무소만 찾을 필요는 없다고 본다. 아마 고급정보를 얻기 위해서는 그 정도의 노력은 각오해야 된다는 의미를 전달하고 싶었던 것은 아닐까 싶다.

나의 경우 한 지역에 부동산 투자를 하기 위해서는 그 지역에 위치한 공인중개사 사무실을 다섯 군데 이상 찾아간다. 한 곳만 찾아가서는 제대로 된 정보를 얻을 수 없을 뿐만 아니라 자칫하면 계약에 눈이 먼 공인중개사와의 만남으로 편파적인 브리핑을 들을 수도 있기 때문이다. 여러 부동산을 방문해 공인중개사들의 이야기를 듣다 보면 그 지역의 정보에 대해 누구보다도 더 정확히 파악할 수 있으며, 그 지역의 특성이나 여러 가지 호재상황 등을 들을 수도 있다. 운이 좋은 경우 급매로 나온 좋은 물건들을 소개받기도 한다. 이런 점을 감안해 본다면 공인중개사들은 현장의 최일선에 있는 우리의 조언자 내지 협력자라는 사실을 명심해야 한다.

그리고 호재가 있는 지역만을 찾아다니며 투자하는 투자자들이 실패하는 경우가 많은데, 그 이유는 자신이 모르는 지역에 투자를 하는 경우 많은 시간과 기회비용을 소비하게 되고 관리도 힘들며 정확한 정보를 얻기가 어렵기 때문이다.

현재 당신이 거주하고 있는 지역에도 당신을 애타게 기다리는 투자물건들이 넘쳐난다. 무엇보다도 자신이 거주하는 지역은 주변의 변화와 시세를 파악하기가 수월하다는 장점이 있다. 다만 관심을 가지고 보지 않기 때문에 돈이 되는 부동산을 번번이 놓치고 있는 것이다. 지금부터라도 자신이 거주하고 있는 지역의 투자물건을 찾아보기 바란다. 기회는 당신의 발밑에 있다!

어디로 가야 할지 모르면,
어떤 길로 가든 상관없다.
- 루이스 캐롤

창업보다 월세 받는 임대인이 되어라

#자영업자의 몰락 나는 해산물을 좋아한다. 해산물이 생각날 때면 꼭 찾는 단골집이 있다. 가격 부담 때문에 자주 먹지 못하는 값비싼 해산물을 이곳에 가면 마음 편히 싸게 먹을 수 있다 보니 자주 가는 편이다. 사장님과도 친분이 쌓여 함께 소주 한 잔 하면서 세상 사는 이야기를 나누기도 한다.

"사장님, 요즘 장사는 좀 어떠세요?"

"예전 같지 않아. 치솟는 물가에 손님은 없고, 먹고살기 힘들어."

단골손님도 많고 음식도 맛있는데 해가 가면 갈수록 사장님의 한숨 섞인 푸념은 늘어만 간다. 외식창업의 경우 인건비와 재료값, 경기변동이나 계절의 영향 등이 매출의 큰 변수로 작용한다. 비단 그것뿐이겠는가? 여러 가지 이유로 매출에 타격을 입기도 한다. 최근만 해도 조류 독감, 살충제 달걀 파동 등 사회적 이슈와 경기 불황으로 많은 자영업자들이 문을 닫았다.

그럼에도 불구하고 외식 프랜차이즈 업체들은 끊임없이 창업을 유혹하고 있으며, 마치 수억원을 벌 수 있을 것처럼 과장광고를 하며 투자자들을 현혹시킨다. 이렇게 새롭게 생겨나는 프랜차이즈 업체들은 셀 수 없이 많아지고 있다. 외국계 프랜차이즈 커피숍부터 음식점까지, 자고 나면 생겨나는 게 프랜차이즈 업체들이고 그 종류도 다양하다. 그러나 아무리 잘나가는 프랜차이즈 업종이라고 하더라도 오래 버텨봐야 5년이다. 5년이 지나면 새롭게 트렌드가 바뀌고, 서서히 매출이 꺾이기 시작하면서 시들해진다.

특히 외식창업의 경우 장사가 안 되면 다른 사람에게 넘기기조차 힘들다. 결국 업종 변경을 하거나 폐업을 생각하지만, 창업비용으로만 적게는 수천만원에서 많게는 수억원이 들어간 경우가 많아 폐업을 하고 싶어도 마음처럼 쉽지 않다.

CASE **#외식창업 #불경기**
#매출_저하 #폐업

필자는 식당들이 밀집되어 있는 '번화가' 중심 상권에서 공인중개사 사무실을 운영한 적이 있었다. 어느 날 사무실로 직장인 K씨가 찾아왔다. 30대 중반으로 보험회사를 다니는 평범한 직장인이었던 그는 퇴사를 준비하며 자신만의 장사를 꿈꾸고 있었다. 그는 우동집 프랜차이즈 창업을 하기 위해 자신의 투자금에 맞는 마땅한 상가를 찾고 있었다. K씨는 창업과 동시에 직장도 그만두고 장사에 전념할 생각이라며, 좋은 자리가 나오면 바로 계약할 테니 연락을 달라고 했다.

창업을 위해 상가를 보러 중개사무소를 찾는 고객들을 보면 한 가지 공통점이 있다. 우선 자신감이 넘치며, 눈에는 열정이 가득차 있다. 당시 직장인 K씨도 그랬다. 그는 직장생활 10년 동안 모은 돈으로 우동집을 창업해 많은 돈을 벌 거라는 부푼 꿈에 빠져 있었다. 나는 K씨에게 중심 상권에서도 위치가 좋고 권리금이 적은 15평짜리 상가를 소개했다. 그런데 유동인구도 많고 입지도 좋았지만 상권 대비 보증금과 월세가 너무 높아 임차인들의 월세 부담이 큰 자리였다. 웬만큼 매출이 나와주지 않으면 1년도 채 못버티고 망해 나가는 곳이었다.

당시 그 상가의 임차인은 육회집을 운영했지만 장사가 안 되 오픈한지 채 1년도 안 되어 '무권리'로 내놓은 상태였다. 불과 몇 개월 전만 해도 그 임차인은 권리금 5,000만원을 고수했지만 매달 나가는 고정비용을 감당하지 못해 결국 권리금 없이 점포를 내놓은 것이다. 나는 K씨에게 당시 상황을 자세히 브리핑해 주었고, K씨는 그 자리를 무척 마음에 들어 했다. 그렇게 K씨는 권리금 없이 모든 시설물을 인수하는 조건으로 계약을 체결했고, 나는 계약이 끝난 후 번창하라는 말과 함께 장사가 잘되길 진심으로 기원했다.

오픈 후 몇 개월 간은 손님들로 북적였다. 그런데 3개월 정도 지나고부터는 가게가 한산해 보였다. 그리고 몇 개월이 지나 K씨가 사무실로 찾아왔다. 가게를 내놓고 싶다는 것이었다. 오픈한지 6개월도 안 되서 말이다. K씨는 "마진률이 너무 낮아서 버티기가 힘들어요"라며 "창업비용만 해도 2억원이나 들어갔는데…. 매달 고정적으로 나가는 인건비에, 월세·관리비를 제하면 매월 가져가는 돈이 고작 100만원도 안 되요. 이건 뭐 직장 다닐 때 월급만도 못해요." K씨는 하루빨리 가게를 처분해 달라며 사무실을 떠났다.

한 리서치에 따르면 정년퇴임 후 자영업을 시작한 창업자 중 80% 이상이 2년 안에 원금회수도 못하고 폐업을 한다고 한다. 폐업의 가장 큰 이유는 사업체 운영에 따른 정신적 스트레스와 불경기에 따른 매출 저하이다. 나는 부동산 중개를 하면서 K씨와 같은 사람들을 많이 만났다. 직장생활을 하면서 남들이 창업으로 돈 좀 벌었다는 소문을 듣고, 아무런 경험과 노하우 없이 프랜차이즈 본사만 맹신하여 창업을 결정하는 사람들 말이다. 결국 직장생활로 힘들게 번 돈 전부를 잃고 다시 직장으로 돌아가게 되는 경우가 허다하다.

내 주위 사람들만 봐도 프랜차이즈 가맹점으로 돈을 벌었다는 사람은 한 사람도 못 봤다. 대부분 죽어라 고생만 하며 땀 흘려 번 피 같은 돈 전부를 잃고 빚까지 지는 신세가 된다. 이쯤 되면 폐업 후 본전 유지만으로도 돈 벌었다고 생각해야 한다. 왜 직장생활보다 수십 배 수백 배 힘든 장사를 하려 하는가? 왜 주말도 없이 쉬지도 못하며 치열하게 살아가는 길을 택하는가? 왜 전쟁터 같은 자영업자의 길로 들어서려 하는가? 자영업을 시작하려는 사람들에게 묻고 싶다.

#장사하는_임차인 #임대료_받는_임대인
#당신의_선택은?

　많은 외식창업자들이 무한경쟁시장에서 돈은 벌어보지도 못하고 적자만 보다 장렬하게 전사한다. 치밀한 계획 없이 대박만 꿈꾸다 쪽박을 차게 되는 것이다. 주위를 둘러보라. 당신이 좋아하는 친구 혹은 동료들이 외식창업을 하고 있지 않은가? 창업을 하는 친구가 있다면 그들의 인생이 행복해 보이는가? 아마도 피로와 스트레스 그리고 자유시간은 고사하고 매출과 직원 관리에 대한 압박으로 하루하루가 생지옥 같을 것이다.

　상가에서 장사를 하는 임차인 그리고 매월 임대료를 받는 임대인, 당신이라면 어떤 위치에 서고 싶은가? 이왕 사업을 꿈꾼다면 나는 임대사업자가 되라고 말하고 싶다. 직원을 두지 않아도 되며 매출에 대한 압박을 받지 않아도 되기 때문이다. 그저 정해진 날짜에 당신의 금융계좌로 월세를 수령하면 된다.

　또 월세 받는 부동산을 상가로만 한정지을 필요는 없다. 주거용 주택도 어떻게 활용하느냐에 따라 수익형 부동산이 될 수 있다. 1억원만 있어도 지방에 소형아파트 3채는 장만할 수 있다. 그렇다면 한 달에 세 번의 월세를 받을 수 있게 된다. 그러나 외식창업을 한다고 가정해 보자. 10평짜리 작은 분식점 하나를 차리더라도 보증금, 인테리어, 각종 집기비용만 1억원은 족히 들어간다. 그뿐인가? 직장생활보다 수십 배는 힘들고 신경써야 할 일도 한두 가지가 아니며 휴일 없이 본전을 뽑기 위해 치열하게 일해야 한다.

그래도 창업을 하고 싶다면 나는 당신이 임대인의 위치가 되어 자신의 건물에서 창업을 시작하길 권한다. 그렇다면 월세가 들어가지 않으니 부담은 좀 줄어들 것 아닌가. 만약 당신이 창업을 하기 위해 직장을 그만둘 생각이라면 그 마음을 잠시 접어두고 월급 말고 또 다른 소득을 창출한 다음에 결정하라고 조언하고 싶다. 그래도 늦지 않다.

돈으로 행복을 살 수는 없지만
곤란한 상황에서 당신을 구해줄 수는 있다.
- 클레어 부드 루스

성공
사례
1

2천만원으로 갭 투자에 성공한 김 실장

오랫동안 필자와 함께 일하고 있는 김 실장의 사례를 소개하고자 한다. 김 실장은 부동산 개발·중개와 관련해 수년 동안 함께하고 있는 믿음직스러운 직원이다. 김 실장은 얼마 전 경매를 통해 아파트 갭(GAP) 투자에 성공했다.

아파트 갭 투자는 전세가와 매매가의 차이(GAP)가 매우 적은 아파트를 최소한의 투자금을 들여 구입하여 전세 세입자에게 전세금을 받는 동시에 소유권을 취득하는 방식이다. 쉽게 말해 전세를 끼고 아파트를 매수하는 것으로 보면 된다. 즉, 소액의 투자금으로 아파트를 구입해 시세 상승을 통해 수익을 창출하는 것이다.

갭 투자는 매매가와 전세가의 작은 차이를 이용하기 때문에 소액으로 투자가 가능하며, 앞으로 시세가 상승할 것이라는 기대심리로 투자를 하게 된다. 하지만 갭 투자시 유의해야 할 점은 매매가격이 상승할 것이라는 기대심리만으로 접근했다가는 큰 손해를 볼 수 있다는 것이다. 전세가가 하락할 경우 추가투자에 대한 부담이 있고, 또 집값 하락에 따른 위험 역시 투자자가 온전히 짊어지고 가야 하기 때문이다.

필자가 생각하는 가장 이상적인 방법은 현재 그 아파트의 '전세가'

에 구입하여 그 전세가에 임차를 주는 것이다. 자기비용은 취득세와 소유권 이전을 위한 비용만 들어가야 진정 성공한 갭 투자라고 말할 수 있다. 따라서 갭 투자는 필수적으로 시세보다 싸게 사야 한다는 조건이 붙는다. 그렇게 김 실장은 경매로 아파트 갭 투자를 진행했다.

필자는 입찰 경쟁률이 낮고 미래가치가 있는 '입찰 아파트 후보군 10개의 리스트(서울, 경기, 인천지역)'를 뽑아 추천해 주었다(평소 필자가 10건의 입찰 물건을 뽑아주는 데는 이유가 있다. 성실한 임장과 입찰만 제대로 이루어 진다면 분명 1건은 낙찰되기 때문이다). 그녀는 7번의 패찰 끝에 8번째 입찰한 물건에 낙찰되었다. 낙찰 물건은 인천시 당하동에 위치한 검단힐스테이트 4차 아파트였다. 독정 사거리에 위치해 있고 독정역과의 거리는 도보로 3분 정도인 초역세권이었으며, 도보 5분 거리에는 각종 생활편의시설들이 잘 갖추어져 있었다. 당시 감정가는 4억 3,000만원이었고, 실거래가 시세는 4억 1,000만원이었다.(2017년 1/2/3분기 국토부 실거래가 기준)

그 입찰 물건은 감정가 대비 시세가 약한 편이었지만 시세가 감정가까지 회복할 수 있는 충분한 이유와 메리트가 있었다. 바로 그 단지 내에서도 가장 선호하는 '동'과 '호'였으며, 전망이 다른 라인에 비해 월등히 좋았다. 3억 6,700만원에 낙찰을 받았고, 이는 실거래가 시세보다 4,300만원 정도 싼 금액이었다(세전).

당시 세입자가 거주하고 있었는데, 평균 전세 시세 3억원에 훨씬 못미치는 1억원에 전세를 살고 있었다. 세입자가 싸게 전세를 살 수 있었던 이유는 융자가 시세 대비 100%에 가까운 '깡통주택'이었기 때문이었다. 세입자는 주인과 평소 잘 알고 지내는 사람이라서 융자

- 소재지 : 인천시 서구 당하동
- 감정가 : 4억 3,000만원(100%)
- 최저경매가 : 3억 100만원(70%)
- 낙찰가 : 3억 6,699만원(85.35%)
- 전세가 : 3억 5,000만원
- 취득비용(취득세 및 이전비용) : 600만원
- 실투자금(GAP) : 2,299만원

가 많아도 문제가 생기지 않을 거라 생각하고 깡통전세를 들어간 것이다(주로 공인중개사를 거치지 않고 계약하는 경우 이런 문제가 발생한다). 배당순위에는 있었지만 보증금 중 일정액의 범위가 넘어가는 임차인이라 배당 한 푼 못 받는 상황이어서 명도가 쉽지 않을 거라 생각했다.

  하지만 최근 경매 투자를 하면서 느끼는 것은 명도에 있어 채무자 또는 배당을 받거나 배당을 받지 못하는 세입자들도 인터넷의 발달로 많은 정보를 얻을 수 있기 때문에 옛날처럼 '무데뽀'로 나오지 않는다는 것이다. 다행히 이번 세입자도 경매 절차와 명도에 대한 인식이 있었고 나름 매너(?)가 있어 명도는 어렵지 않았다(소액의 이사비용을 챙겨주고 협의했다).

그렇게 은행 대출을 받아 소유권을 이전한 후 새로운 전세 세입자에게 3억 5,000만원에 임차를 주었다. 총 2,300만원(실투자금 1,700만원과 600만원의 취득비용)을 들여 아파트를 산 것이다.

하지만 여기서 다시 한 번 강조하고 싶은 것은 갭 투자는 '전세가가 오르니 시세도 오를 거야'라는 생각으로 접근하면 실패하게 된다. 갭 투자의 함정에서 벗어나려면 무조건 시세보다 저렴하게 매입해야 한다. 즉, 전세가로 매입해 그 금액에 전세를 놓는 것이 가장 이상적인 방법이다.

부동산과
맞벌이하는
**월급쟁이
부자들**

제2장

나는
수익형 부동산으로
평생 월급
받는다

01 아파트 경매로 종잣돈을 만들다

#맞벌이
#선택이_아닌_필수

1년의 불같은 연애 끝에 결혼에 골인한 신혼부부, 하지만 신혼의 단꿈에 빠지기도 전에 맞벌이를 하지 않으면 생활 유지가 어려운 상황이다. 둘만의 시간을 즐기며 알콩달콩 추억을 만들어도 모자란 시간이지만, 맞벌이부부들은 신혼의 달콤함을 반납하고 치열하게 직장에서 고군분투해야 한다. 매달 들어오는 월급으로 여기저기 나가는 생활비를 제하고 남은 돈을 저축해 보지만 생활여건은 크게 나아지지 않는다. 옛말에 '티끌 모아 태산'이라고 했는데, 요즘처럼 물가가 가파르게 오르는 상황에서는 '티끌 모아 티끌'이란 말이 더 와닿는다.

한 결혼정보회사에서 미혼남녀를 대상으로 설문조사를 했는데, '결혼 후 당신의 배우자가 맞벌이를 하길 원하느냐?'는 질문에 72.4%가 '그렇다'라고 답했다. 아마 맞벌이를 하지 않고는 결혼생활을 유지하기가 어려워서 일지 모른다. 추측건대 앞으로 맞벌이는 선택이 아닌 필수가 될 것이다.

#부동산과_맞벌이하라

이제 당신의 사랑하는 배우자와의 맞벌이가 아닌 부동산과 맞벌이하는 직장인이 되어야 한다. 내가 사랑하는 아내 또는 남편과 함께 맞벌이를 하지 않아도, 직장에 나의 귀중한 시간을 저당 잡히지 않아도 돈이 들어오는 '파이프라인'을 구축해야 하는 것이다. 그러려면 먼저 자신과 맞벌이해 줄 부동산 투자에 힘을 쏟아야 한다. 우리는 언젠가 때가 되면 퇴직이라는 강제적 퇴출로 인해 직장에서 쫓겨나거나 소득이 완전히 없어질 수 있기 때문이다.

나는 그동안 부동산 상담을 통해 많은 맞벌이부부 투자자들을 만나왔다. 맞벌이부부가 부동산 투자를 시작해 외벌이부부로 발전하는 모습을 보았고, 부동산의 '부' 자도 모르는 사람들에게 자신의 월급보다 많은 월세를 받을 수 있도록 컨설팅도 해주었다. 이들 모두는 직장에 다니면서도 자신의 휴일과 휴식시간을 반납하고 온전히 부동산 재테크에 열정을 쏟았기 때문에 부동산과 맞벌이가 가능했다. 부동산과 맞벌이하는 직장인들은 퇴근 후의 시간이나 주말이 되면 공인중개사 사무실에 방문해 도움이 되는 브리핑을 듣거나 부동산 투자 관련 세미나에 참석해 새로운 정보를 얻는다. 나에게 투자상담을 요청한 결혼 5년차 부부도 그랬었다.

CASE **#결혼_5년차_부부 #외벌이 #아파트 #경매**

20대 후반에 결혼한 부부는 신혼 초 오피스텔에서 맞벌이를 하며 힘들게 모은 돈과 오피스텔 전세보증금으로 수원시 영통 부근에 아파트 한 채를 마련했다. 하지만 턱없이 부족한 자금으로 인해 은행 대출을 최대한 활용할 수밖에 없었다. 이렇게 대출을 받아 어렵게 장만한 아파트는 부부의 전부나 마찬가지였다. 이 부부의 연간 소득은 6,000만원으로, 매달 나가는 아파트 대출 원리금과 아이의 교육비, 생활비를 쓰고 나면 남는 돈이 없었다. 그나마 부부에게 위안이 되는 건 어렵게 대출 받아 장만한 32평형 아파트의 원리금을 잘 갚아가고 있다는 것이다. 그런데 상황이 좀 달라졌다. 아내가 둘째를 임신하면서 더 이상 맞벌이부부로서의 생활이 힘들게 된 것이다.

당장은 아니지만 아내가 직장을 그만두게 되면 정기적으로 나가는 고정비가 문제였다. 둘째가 생기면 지출은 더 많아지게 되고, 아내의 월급이 없으니 경제적으로 큰 부담이었다. 부부는 맞벌이를 하지 않아도 매달 돈이 들어올 수 있는 방법으로 월세 받는 부동산을 생각했다. 하지만 부동산이라고는 살고 있는 아파트 한 채가 전부였고, 가진 돈은 만기가 다가오는 적금 1,000만원뿐이었다. 어렵게 상담 자리를 마련해 상담을 하는 도중 아내 되는 분이 쑥스러운지 기어들어 가는 목소리로 말했다.

"천만원으로도 부동산에 투자할 수 있을까요?"

부동산 투자에서 1,000만원이라는 돈은 실제 투자를 하기에는 턱없이 부족한 돈이다. 하지만 부부의 간절함 때문이었는지 나는 상담을 끝내고 마땅한 물건이 나오면 연락을 주기로 하고 헤어졌다.

당시 수원은 여러 가지 호재로 아파트 시세가 상승하고 있는 시기여서 나는 수원 인근의 경매물건을 탐색했다. 마침 젊은 부부가 살고 있는 아파트 옆 소형 단지의 24평형 아파트가 경매물건으로 나와 있었다. 나는 급히 부부에게 전화를 걸었다.

"안녕하세요. 김 소장입니다. 별일 없으시죠?"

"네. 소장님 안녕하세요. 안 그래도 소장님 전화 기다리고 있었어요."

"네. 반가운 소식이 있어 전화 드렸어요. ○○씨 사시는 권선구 근처에 괜찮은 경매물건이 나와서요."

"아. 정말요!! 듣던 중 반가운 소식이네요."

"사건번호 알려드릴테니 대법원 사이트 접속하셔서 확인해 보세요."

사건번호를 알려주고 부부에게 간략하게 투자물건을 설명해 주었다. 누구보다 수원을 잘 알고 있었던 부부였기 때문에 많은 설명은 필요없었다. 감정가는 2억원이었고, 거래시세를 알아본 결과 시세는 감정가보다 2,000만원 높은 2억 2,000만원에 실제 거래되고 있었다(거래시세는 국토교통부 실거래가 공개시스템과 국민은행 KB시세에서 확인할 수 있다). 각종 서류 열람과 권리분석 결과 문제가 없는 아파트라는 걸 확인했다. 하지만 부부가 가지고 있는 돈이라고는 적금 만기 수령액 1,000만원뿐이었다. 1,000만원으로는 입찰조차 힘들었다.

나는 무리를 해서라도 이 물건을 낙찰 받아야겠다고 생각했다. 시세도 좋았고, 월세를 놓아도 나쁘지 않은 수익률을 기대할 수 있었기 때문이다. 당시 월세가는 보증금 2,000만원에 월 60만원이었다. 나는 부부에게 어떻게 하든 총투자금 4,000만원을 준비하라고 했다. 단돈 1,000만원밖에 없는 부부에게 3,000만원을 더 준비하라고 하니 부부는 기가 찰 노릇이었다. 며칠 뒤 남편에게서 전화가 왔다.

"소장님. 아내와 상의해 봤는데요. 그 물건 저희가 잡고 싶어요. 그런데 투자금을 마련하는데 시간이 좀 걸릴 거 같아요."

"입찰까지 시간은 충분히 있습니다. 투자금이 마련되시면 연락주세요. 입찰 준비는 제가 다 해놓았습니다."

입찰 3일 전 부부는 어렵게 처갓집에서 자금을 융통 받아 목돈을 마련했다.

"낙찰이 안 되면 어쩌죠? 처갓집에서 어렵게 빌려주신 돈이라 불안합니다."

"낙찰이 안 되면 어쩔 수 없지만 그래도 희망은 걸어보시죠. 기회는 많이 있으니까요."

며칠 뒤 부부와 함께 경매할 아파트의 임장을 마치고 입찰장으로 갔다. 그날 따라 법원 분위기가 한산했다. 그래도 방심할 수 없으니 우리는 입찰마감 10분 전까지 고심하며 입찰표를 제출했다. 결과는 '낙찰'이었다. 우리가 최고가매수인으로 낙찰을 받은 것이다.

- 소재지 : 경기도 수원시 권선구 호매실동
- 감정가 : 2억원(100%)
- 실거래가 시세 : 2억 2,000만원
- 최저경매가 : 1억 4,000만원(70%) 1회 유찰(수원시 1회 유찰시 경감율 감정가 대비 30%)
- 낙찰가 : 1억 6,526만원(82.63%)
- 낙찰 후 매매가 : 2억 2,000만원
- 양도차익 : 5,474만원(세전)

낙찰가는 1억 6,526만원(82.63%)으로 차순위(2순위 입찰자)와 500만원 차이로 낙찰을 받았다. 실제 거래시세는 감정가보다 2,000만원 높은 2억 2,000만원이었으니 거래시세 대비 5,000만원 이상 싸게 사들인 것이다. 어쩌면 부부의 간절함에 대한 선물처럼 느껴졌다. 대출은 당시 이율이 가장 저렴했던 은행에서 경락잔금대출(LTV 80%)을 받았다. 잔금과 동시에 보증금 2,000만원에 60만원의 월세로 임차를 주었다. 시세보다 25%(당시 시세 2억 2,000만원, 낙찰가 1억 6,526만원)나

싸게 낙찰 받았기 때문에 여유가 있었다. 경락잔금과 동시에 월세로 주었기 때문에 계약기간 만료시점까지 은행이자를 제한 수익금을 받으며 적정시기에 시세에 맞춰 매도할 계획을 세웠다. 1년이 지난 후 부부는 낙찰 받은 아파트를 시세차익 5,000만원을 보고 매도했다. 매달 받는 월세 수익금은 그저 보너스일 뿐 진짜 수익은 집을 팔면서 생긴 거나 마찬가지였다.

   맞벌이부부는 둘째를 임신할 당시 막막한 현실이었지만 지금은 부동산과 맞벌이하며 안정적인 가정을 꾸리고 있다. 무엇보다도 남편이 출근하면 아내는 집에서 육아와 부동산 재테크에 집중할 수 있어 행복하다고 한다. 이제 주말이 되면 부부는 아이들을 데리고 부동산 투어를 하는 게 취미이자 일상이 되었다.

> 무슨 일이든
> 할 수 있다고 생각하는 사람이
> 해내는 법이다.
> – 정주영

수익형 부동산, 내 집 마련부터!

#자가 #전세 #월세
#당신의_선택

부동산의 거주형태를 세 가지의 큰 틀로 나눠보면 '자기 집(자가)'에 사는 사람과 '남의 집(전세 또는 월세)'에 사는 사람으로 구분할 수 있다. 여기서 가장 유리한 거주형태, 우리의 부를 축적해 주는 거주시스템은 어떤 것일까?

첫째, 자기 집에 사는 사람들에 대해 이야기해 보자. 대부분의 서민들은 은행 대출을 받아 자기 집을 장만한다. 큰 무리가 가지 않는 정도의 대출이라면 시세상승에 따른 재산 증대와 안정적인 나만의 주거공간을 확보할 수 있다. 물론 매달 은행에 원리금을 지불해야 하며, 시세하락에 대한 불안감도 존재한다. 그러나 주택 시세가 상승한다면 이자를 제하고도 '집테크'로 돈을 벌 수 있다.

둘째, 전세를 사는 사람들의 유형을 살펴보자. 경기도 기준으로 보증금 3억원에 아파트 전세계약 2년을 했다고 가정하면 집을 구입할 때 들어가는 각종 세금과 부동산의 가격 폭락에 대한 부담감은 없을 것이다. 그러나 2년이란 기간 동안 3억원의 목돈이 묶여 버리기 때문에 결국 3억원에 대한 기회비용과 인플레이션에 따른 화폐가치 하락으로 인한 비용을 치르게 된다.

셋째, 소액의 보증금을 걸고 거주하는 월세는 주로 단기 거주나 독립을 준비하는 젊은 사람들이 선호하는 주거형태이며, 목돈이 묶이지는 않지만 매달 적지 않은 월세를 지불해야 하기 때문에 부담이 크다.

당신이라면 이 세 가지 거주형태 중 어떤 방법을 선택하겠는가? 나는 당연히 첫 번째의 자가 소유를 선택할 것이다. 왜냐하면 거주비용을 줄이고 자금의 기회비용을 높일 수 있는 방법이기 때문이다. 물론 시세가 상승할 만한 부동산을 취득해야 한다는 것이 중요한 요건이다. 그러나 시세가 상승할 만한 부동산을 찾는 것은 그리 어려운 일이 아니다. 우리 주변에는 돈을 벌 수 있는 부동산이 넘쳐나기 때문이다.

만약 당신이 두 번째와 세 번째의 주거형태를 선택한다면 아마도 당신은 부동산으로 부자가 되기는 힘들 것이다. 10년 후 그리고 30년 후를 생각해 보자. 60세가 되어서도 자신이 소유하는 집 하나 없다면 천정부지로 치솟는 월세와 전셋값을 어떻게 감당하겠는가? 결국 전·월세 난민이 될 확률이 높다. 물가는 계속해서 오르고 소득은 점점 줄어들수록 더욱 가난해질 수밖에 없는 게 현실이다.

부동산으로 부자가 되는 길을 선택하겠는가? 아니면 부동산으로 가난뱅이가 되는 길을 선택하겠는가? 그것은 주거비용에서부터 시작한다고 해도 과언이 아닐 것이다. 이제 주거비용을 최소화하기 위해 내 집 마련부터 시작해 보자. 그래야 투자의 기회도 잡을 수 있으며, 월세 받는 부동산도 소유할 수 있는 것이다.

#고수 #저가매수 #시세매도
#하수 #시세매수 #고가매도

보통 부동산 투자는 자기 집을 장만하는 것부터 시작한다. 그리고 대부분 집의 시세가 상승해 이득을 보는 경우가 많다. 나 역시 처음 시작했던 부동산 투자가 주택이었고, 주택 투자로 큰 이익을 남겼다. 이처럼 주택을 소유한 사람들을 보면 한두 차례 생각지 못했던 시세상승으로 인해 재산적 이익을 보는 경우가 많다.

그러나 진정한 투자 고수들에게 우연의 일치란 없다. 고수들은 부동산을 싸게 구입해 시장가격(적정시세)에 되팔아 더 큰 이익을 남기는 사람들이다. 반대로 시세에 구입해 시세가 상승하기만을 바라며 투자하는 행동은 아주 위험한 투자이다. 불확실한 경제상황에서 시세가 상승하기만을 기다리는 것은 도박과 마찬가지기 때문이다.

CASE

#전세자금_내집마련
#예비부부 #아파트분양

우리 회사에 J라는 여직원이 있었다. 경북이 고향인 그녀는 대학교를 졸업하고 일자리를 찾아 서울로 올라왔다. 유독 꾸미기를 좋아하는 J씨는 부동산 회사에서 일하면서도 부동산에는 별 관심이 없었다. 오직 자신이 좋아하는 옷을 사고 자신을 꾸미는 데만 열중이었다. 한 번은 J씨와 함께 점심식사를 하면서 대화를 나눴다.

"J씨, 월급을 받으면 그 돈으로 재테크는 하나요?"

"네? 재테크요? 돈쓰기 바빠요."

J씨는 일반 직장인 여성들과 다를 게 없는 평범한 직장인이었다. 아침에 일어나 출근시간에 지각이라도 할라치면 택시로 출근을 했고, 일주일에 한두 번은 네일 케어를 받아야 하고, 하루 한 번씩 빼먹지 않고 유명 브랜드의 커피를 마신다. 주말에는 남자 친구와 함께 영화를 보고, 저녁에는 고급레스토랑에서 식사를 한다. 가끔 충동구매를 하게 되는 경우도 많아 구매를 하고 난 뒤면 뭘 샀는지도 모를 정도라고 한다. 결국 돈을 모으고 싶지만 모을 돈이 없다는 것이었다.

그렇게 세상 걱정 없이 살다 5년째 교재 중인 남자 친구와 결혼을 앞두고 고민에 빠졌다. 부모님 도움 없이 신혼집을 마련해야 하는데 주택 마련 비용으로 두 사람이 가지고 있는 돈은 고작 5,000만원이 전부였다. 서울에서 전세는 엄두도 못내는 자금이었기에 전세자금대출을 받을 생각으로 수원과 일산에서 전셋집을 알아보고 있었다.

그렇게 신혼집 걱정으로 며칠을 고민하던 J씨는 나에게 고민을 털어놓았다. 나는 J씨에게 전세살이보다는 매매를 추천했다. 장기간 전세자금으로 목돈을 묵혀 놓느니 차라리 집을 사서 시세차익을 보게 만들어 주고 싶었기 때문이다. 대부분의 신혼부부들이나 전세로 거주하던 사람들은 안전하게 전셋집만을 추구하는 경향이 있다. 하지만 생각을 조금만 바꾸면 내가 거주하는 주거공간을 재테크 수단으로 바꿀 수 있다.

나는 J씨가 선호하는 지역 중 서울과 접근성이 좋은 수원지역의 아파트를 알아봤다. 당시 수원 영통구 망포동에 주변 시세보다 저렴하게 분양하는 아파트가 있었다. 분양가가 주변 아파트보다 평당 100만원이나 저렴해 주변 아파트 시세에 따라 동반상승할 만한 충분한 가치가 있었다. J씨는 시세보다 싸게 분양을 받아 대출을 최대한 활용해 신혼집을 장만했고, 신혼집을 분양받아 입주한지 1년 만에 시세가 5,000만원 가량 껑충 뛰었다. 시세가 오르기까지 불과 1년도 걸리지 않은 것이다. J씨와 같이 부동산 투자는 거주하는 내 집부터 하나의 재테크 수단이 될 수 있다.

#투자_프로세스 #RIP시스템
#투자마인드_정립 #실천 #반복이행

나는 10년 이상 부동산 투자를 해오고 있지만, 시세차익과 수익성 두 마리 토끼를 잡는다는 것은 말처럼 쉽지 않다. 오랜 내공과 내실이 쌓여야만 가능한 일이다. 하지만 욕심을 부리지 않고 자기의 역량 안에서 차근차근 투자를 하다 보면 자기만의 투자 노하우가 생겨나고, 그 작은 노하우가 투자의 물꼬를 터주게 된다.

수익형 부동산 투자에 앞서 자신만의 투자 프로세스를 만들어 보자. 어떠한 과정과 계획을 통해 성공적인 투자를 진행할 것인지 상세하게 자신의 투자노트에 정리하는 것이다. 여기에 필자가 개발한 RIP시스템을 적용시켜 보자.

첫째, 투자마인드 정립 : 자신이 투자하는 목표를 정확히 설정하는 단계이다. 자신이 보유하고 있는 현금으로 어떤 부동산에 투자할 것이며, 어떠한 방식으로 접근하고, 그 부동산을 통해 어떻게 수익을 만들어 낼 것인지를 정하는 것이다. 여기서 가장 중요한 것은 <u>자신의 투자철학과 가치관, 투자의 목적과 목표를 종이나 스마트폰에 뚜렷하고 명확하게 적어 보는 것이다.</u>

둘째, 부자가 되기 위한 실천 : 아무리 좋은 계획이 있어도 실천하지 않으면 아무것도 이룰 수 없다. 자신의 투자지도가 완성되었다면 그 지도에 따라 움직이기 위해 몰입해야 한다. 먼저 부동산 투자에 성공하기 위해서는 투자를 위한 공부와 이해가 필요하다. 그런 다음 현장에 나가 실제 부동산을 파악하고 자신이 계획했던 투자 목적과 목표에 따라 전략적으로 움직여야 한다. 나 역시 많은 투자를 경험하면서 느낀 것 중 하나가 모든 투자의 기회는 현장에 있다는 것이다. <u>자신이 원하는 수익형 부동산을 찾을 때까지 열심히 현장에 나가 발품을 팔며, 확신이 가는 부동산을 발견할 때까지 감을 익혀야 한다.</u> 책상머리에 앉아 얻는 지식은 반쪽짜리에 불과하다.

셋째, 성공적인 투자 프로세스의 반복이행 : 성공한 사람들의 발자취만 따라가도 반은 성공한거나 다름없다는 말처럼 당신이 한 건의 투자에 성공하기까지 지불한 많은 기회비용과 경험은 이제 당신만의 노하우이며, 성공으로 가는 입증된 데이터가 된다. 이제 그 확실한 데이터는 재산을 증대시킬 수 있는 하나의 기술이며 아이템이다. 이렇게 우리는 한 번의 성공으로 반복적인 성공을 만들 수 있다. 자신의 계획에서 크게 벗어나지 않는다면 자신이 성공했던 투자패턴을 반복이행하면 되기 때문이다. 이처럼 반복은 습관이 되고 그 습관은 엄청난 변화를 가져다 준다.

현재 위치가 소중한 것이 아니라
가고자 하는 방향이 소중하다.
- 올리버 웬델 홈즈

03 소형주택은 가장 안전한 투자처!

#저축통장 #자기계발
#투자의_밑거름 #소형주택

우리는 어린 시절부터 저축의 중요성을 교육받으며 자랐다. 그런데 세상에서 말하는 이른바 성공한 사람들 중에는 저축에 반대하거나 심지어 저축이 위험하다고 주장하는 이들도 있다. 대표적인 사람이 미국 자동차회사 포드의 창설자 헨리포드이다.

> "사람들은 젊을 때 저축하라고 하지만 그것은 잘못되었다.
> 마지막 한 푼까지 모으려 생각해서는 안 된다.
> 저축할 돈이 있으면 자신에게 투자하라.
> 나는 40세가 될 때까지 단 1달러도 저축한 적이 없다."

그렇다. 헨리포드의 말처럼 이제 저축은 돈을 보관한다는 정도로만 여겨야 한다. 돈을 벌기 위해서는 저축이 아닌 돈을 이용해야 하는 것이다. 그것이 자신을 위한 투자건 부동산 재테크이건 간에 상관없다.

20살이 되던 어느 날, 창업에 관심이 많았던 친구와 사업에 대해 이야기를 나누던 중 그 친구가 한 강연을 보고 엄청난 감동을 받았다며 나에게 동영상 하나를 보여주었다. 그 강연의 주인공은 바로 미국의 백만장자이자 비즈니스 컨설턴트인 브라이언 트레이시였다.

강연을 보는 내내 무언가 큰 꼬챙이가 내 심장을 쿡쿡 찌르는 느낌이 들었다. 내 안에 있는 열정이 꿈틀거리는 게 느껴졌다. 그는 행복하고 건강하기 위해 중요한 두 가지는 '자기통제력'과 '삶에 대해 느끼는 통제'라고 말하며, '성공한 사람들이 한 대로 하라'고 역설했다. 그 이후 나는 브라이언 트레이시에게 사로잡혀 그가 저술한 모든 책과 동영상 DVD를 모두 독파했다. 그렇게 몇 해 동안 자기계발 및 비즈니스 분야 권위자들의 이야기를 듣고 읽었다. 매일 같이 도서관에 처박혀 부동산·주식·펀드 등 돈을 불릴 수 있는 재테크와 투자 관련 책을 읽으며 경제관념을 키워 나갔다. 책을 통해 삶에 대한 조언과 가르침을 얻으며 주파수를 높이기 시작했다.

그렇게 해서 내가 부자의 길로 가기 위해 선택한 길은 '부동산'이었다. 나는 소형주택 경매 투자로 출발해 지금은 부동산 건축업, 매매업, 임대업, 중개업까지 여러 분야를 섭렵하고 있다. 현재 나는 예금통장은 없어도 매달 꼬박꼬박 월세 받는 월급통장 여러 개와 건축업으로 벌어들이는 수입, 그리고 부동산 중개업으로 벌어들이는 수

입까지 부동산을 통해 많은 수익을 발생시키고 있다.

그리고 이렇게 많은 수익을 내기까지 투자의 밑거름이 되어준 투자처가 바로 '소형주택' 투자였다. 소형주택은 나에게 소액으로 부동산 투자의 물꼬를 터준 선물 같은 투자처이기도 하다. 그래서 나는 아직도 소형주택에 투자를 계속하고 있다.

#무릎에_사서_어깨에_팔아라
#소형주택 #욕심을_버려라

소형주택은 소액으로도 큰 수익을 창출할 수 있는 가치있는 부동산이자 부동산 부자가 되기 위한 기반이라고 할 수 있다. 사람들은 부동산 소액투자로 몇 번의 재미를 보면 돈에 눈이 멀어 큰 시세차익을 보려고 욕심을 내기 시작한다. 하지만 나는 소액투자를 하는 투자자들에게 '무릎에 사서 어깨에서 팔라'고 조언한다. 왜냐하면 많은 시세차익을 보려고 욕심을 부리다 타이밍을 놓치면 큰 손해를 보기 때문이다. 내가 처음으로 부동산 투자에 입문해 소형주택 투자를 할 당시 멘토가 나에게 조언해 준 말이 있다. 바로 "욕심을 버려라"였다.

부동산 고수들은 시세가 바닥인 주택을 매수하여 '9부능선' 쯤에서 매도하는 것이 가장 이상적인 투자라고 말한다. 하지만 초보투자자들에게는 어울리지 않는 어려운 말이다. 8부능선이나 9부능선을 깨닫는 건 '감'이 아니라 많은 노하우에서 나오기 때문이다. 투자의 햇병아리가 능선을 감지한다는 건 알에서 깨어난 병아리에게 '지금

닭이 되라'는 말과 같다.

　부동산 투자를 좀 해봤다는 사람들은 투자에도 단계가 있다고 말한다. 처음에는 소형주택부터 시작해 아파트, 상가, 토지, 부동산 개발로 이어지면서 전문가가 되는 것이다. 물론 단계별로 나아가면서 영역을 넓혀가는 건 좋다. 그런데 토지까지 투자를 해본 투자자들은 그 이후에는 무조건 큰 수익률이 나오는 상가나 땅에만 투자하며 소형주택은 쳐다보지도 않는다. 자신이 고수라는 망각에 빠져 다양한 투자방식을 사용하지 않게 되는 것이다.

　<u>부동산은 보유한 투자금, 입지, 경기변동, 호재, 정부 정책에 따라 돈이 될만한 물건을 찾아 투자하는 것이다.</u> 지금도 내가 소형주택에 투자를 하는 이유는 투자의 리듬을 잃지 않게 해주고 때로는 덩치가 큰 부동산보다도 높은 수익률을 안겨주는 알짜배기 투자처이기 때문이다. 그래서 나는 소형주택을 부동산 투자의 '안전마진상품'이라고 부르고 있다.

#안전마진_부동산 #소형주택
#은행_대출 #시세차익

　　　　　　　　　　　　　　　　'안전마진 부동산'이란 위험성이 낮으면서 소액으로도 높은 수익률을 만들 수 있는 부동산을 말한다. 소형주택은 우리가 알고 있는 소형아파트나 빌라·다세대주택으로, 1,000~2,000만원의 소액으로 은행 대출레버리지를 이용해 투자하는 물건이다. 주로 사회 초년생이나 부동산 투자를 처음 해보는 직장인들에게 추천하고 싶은 투자처이기도 하다. 또한 소형주택 투자는 잘만 접근한다면 한 건의 성공적인 투자로도 일반 직장인의 연봉을 벌 수 있을 만큼 매력적이며 큰 위험부담도 없다.

나 역시 처음 소형주택에 투자를 할 당시 투자금이 많지 않았기 때문에 70~80%의 주택담보대출을 받았다. 부동산 투자를 할 때에는 은행을 잘 활용하는 것이 정말 중요하다. 그리고 시세차익을 보기 위한 투자이기 때문에 시간은 곧 돈과 직결된다. 빠르게 원금을 회수하면 다른 곳에 재투자를 할 수 있는 기회를 만들 수 있으며, 불필요한 지출을 줄이고 빠른 자본확장을 이룰 수 있다. 이처럼 소액으로 투자를 하는 투자자들에게 시간은 곧 돈인 셈이다.

그러나 소형주택을 매수 후 단기간에 거래가 성사되지 않는 변수가 생길 수도 있다. 그럼 월세로 전환해야 하는 변수도 생각하고 있어야 한다. 이처럼 매수타이밍을 놓쳐 단기전매를 할 수 없는 상황이라면 월세를 놓아 대출이자를 감당하고도 차익이 남아야만 시간을 두고 여유롭게 움직일 수 있다.

CASE
#경매_투자
#강원도 #콘도형_아파트

나는 부동산 입문 초창기에 부동산 경매 투자로 단기간에 2억원이라는 목돈을 마련했다. 주로 소형아파트나 소형빌라를 낙찰 받아 벌어들인 수익이었다. 대부분의 투자자들이 수도권 위주에서 투자처를 찾을 때 나는 지방의 소도시로 눈을 돌려 소액으로도 큰 수익을 낼 수 있는 물건들을 찾으러 다녔다.

한 번은 강원도 양양의 정암해수욕장 부근에 경매로 나온 콘도형 아파트에 투자를 했다. 미분양상태의 아파트로, 건설사의 채무로 인해 여러 채가 경매 진행 중이었다. 해수욕장 바로 앞에 위치하고 있어 바다 조망이 나오는 소형아파트였다. 해수욕장과는 걸어서 불과 1분 거리로, 단지 앞 횡단보도 하나만 건너면 바로 해수욕장이었다. 나는 바다가 보이는 조망권에 반해 버렸다. 지역은 강원도였지만 세컨하우스로 이용하기에 제격이었다. 동해 바다가 한눈에 들어오는 바다 조망에, 아침이 되면 떠오르는 태양을 볼 수 있고, 출렁이는 바닷소리가 마음 속까지 시원하게 해주었다. 꽉 막힌 도시에 사는 사람들이라면 한 번쯤 이런 곳에서 살아보길 원하겠다는 생각이 들었다.

나는 과감하게 경매 입찰을 들어가 각각 4,220만원에 두 채를 낙찰 받았다. 당시 한 채의 감정가는 6,200만원, 실거래 시세도 6,200만원 정도였다. 지은지 얼마 안 된 아파트라 내부는 말할 것도 없이 깨끗했다. 낙찰을 받아 특별한 명도절차 없이 완벽하게 소유권을 취득했다. 당시는 여름 휴가철이라 매수거래가 많이 없어 주말이면 친구나 가족들이 낙찰 받은 아파트를 숙소로 이용하곤 했는데 다들 만족스러워 했다. 나는 거기서 아이디어를 얻어 단기 숙박업을 해보기로 했다.

여름 휴가철이라 해수욕장 주변은 늘 숙박이 필요한 피서객들로 붐볐다. 나는 몇 달간 여름휴가를 온 피서객들을 상대로 펜션으로 활용하기로 하고, 주변에 사는 주민에게 부탁해 청소와 관리를 맡기고

- 소재지 : 강원도 양양군 강현면 정암리
- 감정가 : 6,200만원(100%)
- 실거래가 시세 : 6,200만원
- 최저경매가 : 3,038만원(49%) 2회 유찰(강원도 1회 유찰시 경감율 감정가 대비 30%)
- 낙찰가 : 4,220만원(68.06%)
- 낙찰 후 매매가 : 6,500만원
- 양도차익 : 2,280만원(세전)

인터넷 숙박업체를 통해 홍보를 진행했다. 그렇게 약 2개월간 숙박업을 해서 벌어들인 수입만 해도 1년치 대출이자를 전부 갚고도 남을 정도였다. 그리고 숙박을 하는 손님들의 연락처를 입수해 숙박을 하고 떠날 때쯤 문자를 보냈다.

'며칠간 머무셨던 아파트는 세컨하우스가 필요한 사람들에게 매도할 계획에 있습니다. 본 아파트의 매수 의사가 있으시면 이쪽으로 연락 주세요.'

그런데 문자를 보내자마자 숙박을 했었던 서울에 사는 중년부부가 경치에 반해 노후에 세컨하우스로 사용하고 싶다며 적극적으로 매수 제안을 했다. 중년부부에게는 답답한 서울에서 주말에만 내려와 휴식을 취할 공간이 필요했던 것이다. 나는 이 부부에게 6,500만원에 한 채를 넘기고, 나머지 한 채도 일정 기간 보유하다 세컨하우스로 활용하겠다는 직장인 부부에게 매도를 했다.

비록 지방에 위치해 다른 사람들에게는 별 관심이 없는 아파트였지만, 나는 그 소형아파트를 이용해 돈과 지혜를 얻었다. 겉모습은 허름하고 가치가 없어 보이는 물건도 잘만 고르면 큰 수익을 낼 수 있다는 것을 말이다. 이제 당신을 위해 기다리고 있는 돈 되는 소형주택을 찾아 두 번째 월급통장을 만들어 보자.

> 아무리 위대한 일도 열심히 하지 않고
> 성공하는 예는 없다.
> – 랄프 왈도 에머슨

3천만원 첫 빌라 투자, 지금은 15채 빌라 주인

#월급_받는_직장인
#월세_받는_직장인

어느 직장이든 부동산을 이용해 제2의 월급을 받는 직장인들이 있다. 직장에서의 직급은 말단 대리지만, 매달 받는 월급과 월세를 합치면 10년차 과장 월급보다 많은 수익을 만들어 내고 있는 직장인들, 그들은 우리 주변에 분명 존재한다. 그들은 월급보다 월세 받는 걸 더 기쁘게 생각하고 즐긴다. 상상해 보라. 월급에 월세까지 받는다면 얼마나 든든하고 즐겁겠는가?

월급만으로 생활하다 보면 매달 나가는 할부금, 카드 값, 생활비에 허덕일 수밖에 없다. 그러나 부동산으로 월세 받는 직장인들은 지속적인 수익형 부동산 투자로 월급보다 많은 월세를 향해 달려간다. 주변 사람들에게 아쉬운 소리를 하지 않아도 되고 회사에 저당 잡힐 일도 없다. 그들은 항상 에너지가 넘치고, 인생을 즐기며 더욱 활발한 회사생활을 해나간다. 직장에서는 말단사원일 수 있지만, 사회에서는 사장님 소리를 듣는 임대사업자이다.

월급보다 많은 월세를 받는 직장인들, 그들은 실제 존재하며 지금도 노후를 위해 열심히 수익형 부동산에 투자하고 있다. 아마도 당신은 '얼마 안 되는 월급으로 무슨 부동산 투자냐' '꿈같은 소리 하고 있네'라고 생각할 수 있겠지만 누군들 처음부터 돈이 많아서 부동산 투자를 시작했겠는가? '천 리 길도 한 걸음부터'라는 속담처럼 지금부터라도 종잣돈을 마련해 부동산 투자를 시작해야 한다.

대부분의 젊은 직장인들은 많게는 1억원에서 적게는 그 이하의 자금으로 투자를 시작한다. 요즘은 적은 종잣돈으로도 투자할 수 있는 부동산이 많아졌고 그 선택의 폭도 넓어지고 있다. 처음부터 무리한 투자를 하기보다는 적게 시작하여 소액의 월세를 받아보도록 실현해보는 게 중요하다. 매달 들어오는 몇 십만원의 월세도 1년이면 목돈이 되고, 지속적으로 성공적인 투자를 실천하며 돈을 굴리다 보면 직장에서 받는 월급보다 많은 월세를 받게 되는 시점이 오기 때문이다.

CASE
#3천만원 #빌라_투자
#급매 #15채_빌라_바보

어느 날 직장인 K씨가 나를 찾아왔다. 그날 따라 상담 일정이 빠듯해 저녁 늦게까지 미팅 약속이 있었다. 기름 때가 잔뜩 묻은 점퍼에 얼굴은 까칠하니 피곤에 찌들어 있는 표정과 축 처진 몸, K씨의 첫인상이었다. 지친 몸을 이끌고 늦은 밤 상담을 받으러 온 그는 잠시 머뭇거리다 자신의 속사정을 털어놓았다.

20대 후반의 K씨는 지적장애 3급의 장애를 가지고 있는 홀어머니와 단칸방에서 월세살이를 하며 힘들게 살고 있는 바른 청년이었다. 유년시절 월세 보증금조차 없어 지역 마을회관 옥탑방에서 생활할 정도로 형편이 안좋았다. 그나마 틈틈이 아르바이트를 해서 모은 돈으로 월세를 냈지만, 매년 월세 만기가 다가오면 월세를 올려달라는 집주인의 요청에 같은 동네에서만 수십 번 이사를 다녀야 했다. 반지하 방에 거주할 때면 습기와 곰팡이 때문에 곤욕을 치르고 장마철이면 집이 침수되어 고생을 한 적도 있다고 했다.

스무살이 되어 곧바로 취업전선에 뛰어든 K씨는 자동차 부품회사를 다니며 그동안 모은 종잣돈 3,000만원으로 어머니를 편안하게 모실 수 있는 소형빌라를 사고 싶다고 했다. K씨는 더 이상 이사를 다니지 않고 편하게 살 수 있는 그런 집이 간절했다. 그리고 K씨가 가지고 있는 종잣돈으로 살 수 있는 집 역시 소형빌라가 최선이었다. 나는 먼저 빌라 투자의 단점에 대해 설명해 주었다.

"빌라는 장기적으로 시세가 상승하기보다 오히려 감가상각의 폭이 큽니다. 때문에 단기투자라면 매력이 있지만, 거주 목적의 장기투자에서는 많은 시세상승을 기대하기 힘들어요…."

그러나 투자 목적이 아닌 거주가 우선인 K씨에게 소액으로 할 수 있는 빌라 투자는 선택이 아니라 현실이었다. 나는 이왕이면 거주와 동시에 시세가 상승할 만한 소형아파트 매수를 권했지만 K씨는 이미 월세살이에 지칠 대로 지쳐 있었고, 3,000만원이라는 종잣돈으로는 본인이 거주할 아파트를 사기에 부담이 컸다.

그렇게 과감하게 빌라 투자에 나선 K씨는 자신이 오랫동안 월세살이를 하던 동네를 투자지역으로 선정했다. K씨는 퇴근 후나 주말이면 주변 시세를 파악하고 급매물을 찾기 위해 수십 군데의 부동산에 출근도장을 찍었다. 그렇게 4개월 동안 자신이 거주할 빌라를 찾기 위해 주말을 반납하고 몰두했다. 매일 같이 기름 때 묻은 옷을 입고 찾아오는 젊은 친구가 기특했는지 동네 공인중개사 사장에게서 전화가 왔다.

"K씨. 저번에 빌라 급매물 찾는다고 했죠. 반가운 소식이 있어서 전화했어요."

"아…. 네."

"2년째 거주하던 신혼부부가 아파트를 분양받아 이사를 가는데 분양받은 아파트 잔금 치를 돈이 좀 모자라 급매로 내놓은 빌라에요. K씨가 빨리 잡으세요!"

사정에 의해 급매로 나온 빌라였다. K씨는 다급하게 나에게 전화를 걸어 조언을 구했다. 나는 간단한 권리분석과 시세를 살펴본 뒤 매수해도 좋을 것 같다는 답을 주었다. 그렇게 그는 시세보다 1,000만원이나 싸게 빌라를 구입했다(시세는 1억원, 매수가는 9,000만원). 4개월 동안의 고생 끝에 집 없는 서러움을 떨쳐버리며, 어머니와 함께 지낼 수 있는 자기 소유의 집을 장만하게 된 것이다. 비록 은행 대출 6,000만원을 받아 장만한 빌라였지만 처음으로 내 집이 생겼다는 것과 또 그 집이 본인이 노력해 장만한 것이어서 더 보람이 컸다.

K씨가 첫 투자한 경기도 부천시 원종동 소재 빌라

투자에 자신감이 붙은 K씨는 좀 더 용기를 내어 꾸준히 종잣돈을 모으며 본격적으로 빌라 투자에 도전했다. 틈틈이 공부를 하며 자신만의 노하우를 쌓은 K씨는 자신이 거주하는 지역에 급매로 나온 빌라를 사들여 새롭게 도배와 장판을 하고 월세를 주었다. 그렇게 소신 있게 다른 부동산은 쳐다보지 않고 빌라 투자에만 집중한 K씨! 지금은 경기도 지역에 빌라만 15채를 보유하고 있다. 자산가치로 따지면 무려 15억원이 넘는다. 모두 은행 대출을 이용해 장만하기는 했지만 은행이자를 제하더라도 꽤 많은 월세를 받고 있다.

이제는 나와 경매 투자를 함께하며 더 큰 수익을 보고 있는 K씨는 '빌라 바보'라는 별명까지 얻을 정도로 빌라 투자에 빠져있다. 힘들었던 유년시절을 보낸 K씨는 부동산을 통해 윤택하고 행복한 삶을 만들어 가고 있다.

#가치투자
#미래가치

우리는 보이지 않는 가치를 찾아야 한다. 현재에 급급해 매달 나오는 월급에 목을 매서는 안 된다는 것이다. 가난과 일상에 찌든 사람들은 보이는 것이 전부라고 생각하고 현재진행형 인생을 살아간다. 그리고 나이가 들면 들수록 그것이 얼마나 불행한 인생인지를 깨닫게 된다. 그러나 부자들은 보이지 않는 가치를 보고 투자하며 미래지향적인 인생을 설계한다. 결국 성공은 보이지 않는 가치를 믿은 결과일 것이다.

부동산도 마찬가지다. 부동산을 판단할 때에는 현재의 '가격'이 아닌 그 부동산의 '가치'를 먼저 파악해야 한다. 가치가 있는 부동산은 그 가치 이상의 가격을 인정받을 수 있기 때문이다. 반대로 가격은 비쌀지 몰라도 가치가 형편 없는 부동산도 있다. 이런 부동산은 가격이 정상적인 시세가 아니기 때문에 많은 거품이 끼어 있다고 봐야 한다. 따라서 부동산을 매수할 때에는 가격은 싼데 가치가 높은 부동산을 찾아야 한다. 이런 부동산일수록 저평가되어 있는 경우가 많으며 높은 수익을 낼 수 있기 때문이다.

우리는 눈에 보이는 가격보다 그 가격 뒤에 숨겨진 가치를 찾아야 한다. 이제 당신의 신념을 믿고 가치 있는 투자에 도전해 보자!

당신 자신을 믿어라!
그러면 그 무엇도 당신을 막지 못할 것이다.

– 에밀리 과이

오피스텔 투자, 신중하게 접근하라

#자유 #경제적_자유
#직장 #인생의_주도권

많은 직장인들은 직장에 자유를 반납하고 살아간다. 특히 대한민국 직장인들이 직장에서 보내는 시간은 하루 평균 10~12시간이다. 하루 반나절을 직장에서 보낸다고 해도 과언이 아니다. 그리고 하루 24시간 중 진정으로 자기를 위해 쓸 수 있는 자유로운 시간은 1~3시간 정도이다. 가정이 있고 아이가 있는 경우에는 한두 시간마저도 나만의 시간으로 만들기가 힘들다. 그러다 보니 회사를 떠나 한 번쯤 자유로운 삶을 소망한다. 그러나 시간이 지나면 지날수록 자유로운 삶은 없고, 더욱 쪼들리는 삶을 살아갈 뿐이다.

"여러분! 월급을 자유와 맞바꾸고
인생의 주도권과 자유를 되찾으세요."

직장인들을 상대로 하는 재테크 강연에서 강사가 한 클로징 멘트였다. 이 말을 듣는 순간 문득 이런 생각이 들었다. 과연 일반 직장인들이 이 말을 들으면 어떤 생각이 떠오를까? 나는 직장인이 아니었기 때문에 그 강사의 말에 어느 정도 공감이 가기도 했지만, 일반 직장인들 입장에서는 분명 반감이 들거나 괴리감을 느낄 수 있는 멘트였다. '나도 당장 직장을 때려치우고 여행이나 가고 싶다' '자유는 무슨 자유…. 야근이나 안했으면 좋겠다'라는 생각이 들었을 것이다.

누구나 자유를 꿈꾼다. 그리고 직장에서의 자유 못지않게 '경제적 자유' 또한 간절히 원하고 있다. 그렇다면 과감하게 도전해 보면 어떨까 싶다. 다음의 사례처럼 말이다.

CASE

**#5년차_직장여성 #퇴사
#전업투자자 #오피스텔_투자**

30대 중반의 직장인 여성이 필자에게 1:1 상담을 요청했다. 직장생활 5년차인 A씨는 5년 동안 근무한 직장에서 퇴사를 앞두고 있었다. 대기업 모바일사업부에서 능력을 인정받으며 또래들에 비해 높은 연봉을 받고 승승장구했지만, 매일 같이 쏟아지는 업무에 치여 항상 자정이 넘어 퇴근하는 삶에 회의를 느끼고 있었다.

그녀는 자신의 삶을 되찾기 위해 개인시간을 많이 활용할 수 있는 부동산 전업투자를 꿈꾸고 있었다. 대부분의 직장인들은 직장을 다니면서 종잣돈으로 소극적인 투자를 진행하려고 하는데 비해, A씨는 직장생활을 하며 모아둔 종잣돈 2억원으로 아예 직장을 그만두고 전업투자를 하고자 했다. 아주 도전적인 여성이었다. 그녀와 수익형 상가에 대해 이야기를 나누던 중 나는 화제를 바꿔 그녀에게 물었다.

"그런데 직장을 그만두고 부동산 투자를 전업으로 할 수 있겠어요?"

그녀는 1초의 망설임 없이 당당하게 대답했다.

"네. 저는 정년 없고 퇴직 없는 부동산 임대사업자가 되는 게 꿈이에요."

A씨의 포부는 크고 당찼다. 자기 방식의 삶을 명확하게 그리고 있었으며, 눈빛이 살아 있었다. 그녀는 자신의 꿈을 위해 자신이 죽기 전에 해야 하는 스무 가지 버킷리스트가 적힌 노트를 보여주었는데, 그 중에는 나의 눈에 딱 들어오는 문구가 하나 있었다.

〈죽기 전에 부동산으로 월세 천만원 받아보기〉

아주 선명한 글씨체와 형광펜으로 덧칠해져 있던 목표는 그녀의 눈빛처럼 또렷했다. 아마도 오랜 시간이 걸리지 않아 그녀는 곧 자기의 꿈을 이룰 수 있을 거라는 예감이 들었다. 하지만 부동산 경험이라고는 자기가 세 들어 살던 전월세 계약이 전부였다. 바쁜 직장생활을 하며 짬을 내 온라인으로 경매 강의와 부동산 재테크 동영상도 틈틈이 보았지만 실전경험은 없었다.

그녀는 과감하게 회사를 그만두었고, 우리는 6주 동안 1:1 컨설팅을 진행하며 부동산 실전경험을 쌓았다. 그리고 그 기간 동안 그녀는 생애 처음으로 월세 받는 부동산을 마련하게 되었다. 회사를 퇴사하고 불과 두 달 만에 월세가 나오는 자기 소유의 부동산을 만든 것이다. 그녀는 자신의 이름이 적힌 등기사항증명서를 보고 기쁨의 눈물을 흘렸다. 아마 그 눈물의 의미는 두려움을 극복해 낸 용기와 기쁨의 눈물이었을 것이다.

그러나 우리의 목표는 단지 월세 받는 부동산이 아니었다. '월급 같은 월세'를 받는 것이 최종 목표였다. 회사를 그만둔 A씨에게 매달 고정적으로 나오는 급여가 없기 때문이다. A씨가 직장생활을 할 당시의 실수령액이 300만원 정도였으니 수익형 부동산을 통해 은행 대출이자를 제하고 순소득 300만원을 목표로 정했다.

나는 고객들의 종잣돈(투자금)의 크기에 따라 은행 대출레버리지를 다르게 적용한다. 대출레버리지를 극대화하거나, 대출을 전혀 받지 않거나, 균형 있게 대출을 진행하는 세 가지 방법 중 한 가지를 선택한다. 그리고 단기양도차익을 기대하고 투자하는 경우는 레버리지를 극대화한다. 단기투자가 가능한 부동산은 환금성이 좋기 때문에 자기자본을 많이 투여하게 되면 자기자본의 기회비용을 잃게 된다. 반대로 '묻어두기식 투자'는 단기투자처럼 양도차익을 내기 위한 투자가 아닌 장기적인 관점의 투자이기 때문에 균형감 있게 대출을 이용하여 대출이자에 대한 부담을 줄인다. A씨는 고정적으로 '월급 같은 월세'를 받는 수익형 부동산 투자가 목표였기 때문에 은행 대출을 균형감 있게 활용했다.

　우리는 월세 받는 수익형 부동산 투자를 위해 '투자금 분산운용계획'과 '은행 대출레버리지 활용계획'을 세우고 서울 홍대 지역에 급매로 나온 오피스텔과 원룸을 사들였다. 그렇게 함께 1년이란 시간을 들여 총 4채의 부동산을 사들였고, 현재 A씨는 월급보다 많은 월세를 받으며 당당하고 자유로운 임대인으로서의 새로운 인생을 살고 있다.

#오피스텔_투자 #역세권
#임대료_수익 #안정성

　　　　　　　　　　　　은행의 기준금리가 인하되면서 '수익형 부동산'에 관심이 쏠리며 많은 사람들이 뛰어들고 있는데, 수익형 부동산 중에는 분명 '옥석'이 존재하고 투자를 안하니만 못하는 물건도 있다. 그중에서도 투자시 조심해야 하는 부동산이 바로 오피스텔이다.

　오피스텔은 소액으로 접근하기 쉬운 투자상품이기 때문에 소액투자자들에게도 인기가 높다. 그러나 잘못 고른 오피스텔 투자는 오히려 당신의 소중한 종잣돈을 갉아먹는 계기가 된다. 특히 오피스텔의 경우 매수 후 시간이 경과할수록 매매가가 하락하는 단점이 있다. 분양 받은지 얼마 안 된 오피스텔이야 매매가에 큰 변동이 없겠지만, 분양 후 3~4년이 지나면 주변에 새롭게 생겨나는 오피스텔과의 인테리어(구조) 경쟁력에서 뒤떨어지게 되고, 수요자들의 선호도와 트렌드가 바뀌기 시작하면서 시세하락이 시작된다. 또 오피스텔은 일반 아파트와 다르게 매년마다 거쳐 가는 다양한 세입자들이 자기 집처럼 사용하지 않아 내부시설 관리가 힘들다는 단점도 있다.

오피스텔의 경우 주거용 오피스텔과 업무용 오피스텔로 나눌 수 있는데, 주거용은 주택임대사업자로, 업무용은 일반임대사업자로 구분하여 사업자등록을 한다. 주택임대사업자로 등록하는 경우 전용면적 60㎡ 이하인 경우 취득세를 감면 받을 수 있다. 그러나 이 경우 4년 동안 의무 임대사업을 영위해야 하며, 임대하지 않거나 취득자가 거주하는 경우 취득세 감면을 추징당할 수 있다(2018년 기준). 그리고 일반임대사업자의 경우 취득세 감면혜택은 없지만, 오피스텔 분양가 중에서 건물가액의 부가가치세 10%를 환급 받을 수 있다는 이점이 있다. 그렇지만 이 경우에도 10년 동안 임대사업을 영위해야 한다.

이렇듯 취득시 세금도 고려해야 하지만 취득하려는 오피스텔이 위치한 지역의 수요층에 맞게 사업자등록을 하는 것이 더욱 중요하다. 만약 사무실 수요가 풍부한 오피스 상권에 업무용(일반임대사업자)이 아닌 주택임대사업자로 등록한다면 세입자를 구하기 힘들 뿐만 아니라 공실위험이 높아질 것이다. 따라서 오피스텔이 위치한 지역의 수요층을 고려해 사업자등록을 해야 한다.

또 오피스텔은 취득할 때 각종 세금이 일반 주택에 비해 몇 배는 높다. 관리비도 일반 아파트에 비해 1.5배는 높게 나온다. 일반 아파트는 전용률(분양면적 대비 각 세대가 독립적으로 사용하는 '전용면적'이 차지하는 비율)이 높아(70~80%) 관리비가 적은 편이지만, 오피스텔은 전용률(45~50%)이 낮고 공용면적(주차장·복도·관리사무소)의 범위가 넓기 때문에 세입자의 관리비에 대한 부담도 상대적으로 높다. 또 오피스텔의 특성상 단기거주 세입자들이 많기 때문에 계약만료 후에도 매번 발생하는 부동산 중개수수료가 임대인의 부담이 될 수 있다.

오피스텔의 입지를 고려할 때에도 역세권만 보고 '묻지마 투자'를 하는 투자자들이 많은데, 오피스텔은 어느 지역이나 역세권을 끼지 않는 곳이 없을 정도이다. 역세권 10분 거리라고 하더라도 도로 안쪽으로 깊이 들어가 있는 오피스텔은 투자가치가 떨어진다. 따라서 역세권 하나만 보고 투자를 하게 된다면 분명 그 투자는 실패하게 된다.

입지를 고려할 때에는 역세권뿐만 아니라 주변의 기반시설이나 환경, 회사들이 많이 들어와 있거나 기업의 이전이 예상되는 지역이 좋다. 산업단지나 업무기능이 겸비되어 있는 도시에 위치한 오피스텔에 투자하는 것도 유리하다. 그러나 공급이 과다한 지역은 피해야 한다. 공급과잉으로 인해 공실위험이 높아질 수 있기 때문이다. 실제 한두 달만 공실로 방치되면 수익률에 큰 영향을 주며 매매가 하락으로 이어지기도 한다.

가끔씩 특정 지역의 오피스텔 투자를 고려하면서 상담을 요청하는 고객들이 많은데, 그들의 질문은 대부분 비슷하다.

"종잣돈으로 오피스텔 투자를 생각하고 있는데, 되팔 경우 시세차익을 볼 수 있을까요?"

하지만 오피스텔 투자로 시세차익을 보는 것은 일부 지역을 제외하고는 힘들다. 오피스텔은 다른 수익형 부동산 중에서도 환금성이 떨어지는 게 사실이다. 오피스텔 투자는 시세차익보다도 매월 꾸준히 들어오는 안정적인 월세를 받는다는 목적으로 접근해야 한다.

오피스텔을 분양 받는 경우에는 룸이 위치한 방향이나 층수에 따라 분양가를 다르게 측정하는 경우가 많다. 남향의 고층 오피스텔이 북향의 저층 오피스텔보다 분양가가 비싼 편이다. 그런데 대부분의 오피스텔은 위치에 상관없이 평수에 따라 월세를 받는다. 그렇다면 같은 평수의 저층 오피스텔을 싸게 할인분양 받는 게 수익률을 높일 수 있는 또 하나의 방법이기도 하다. 왜냐하면 같은 평수, 같은 타입은 매달 받는 월세가 매매가와 상관없이 똑같기 때문이다. 결국 안정적인 월세를 받게 된다면 환금성도 높아지기 마련이다.

이렇듯 초보투자자들은 '수익형 부동산'을 선택할 때 제일 먼저 수익률과 환금성 그리고 미래가치를 따져봐야 한다. 아무리 좋은 부동산이라고 해도 환금성과 수익률이 좋지 않다면 그 부동산은 장기적으로 시세가 하락하기 때문이다. 이제 당신의 인생을 불꽃처럼 환하게 빛내줄 수익형 부동산을 찾아 보도록 하자!

위험을 무릅쓰고 멀리 나아가고자
하는 사람만이 자신이 도달할 수 있는
가장 먼 지점을 발견한다.
-T.S. 엘리엇

06 상가 투자, 할인분양을 노려라

#상가투자
#부자가_되는_빠른_길 상가 투자에 대한 상담을 받으러 온 고객에게서 질문을 받았다.

"상가 투자는 좀 위험하지 않을까요?"

"제가 아는 지인들은 항상 부정적인 견해를 보입니다."

"네가 무슨 상가 투자냐, 상가 투자는 아무나 하는 게 아니다."

이런 질문을 하는 유형의 고객들은 대부분 부동산 전문가가 아닌 주변 사람들에게 부동산 투자에 대한 조언을 듣는다는 공통점이 있다. 부동산의 '부' 자도 모르는 사람이 부동산 투자의 '투' 자도 모르는 사람에게 어찌 조언을 할 수 있겠는가? 마치 운전면허가 없는 사람이 초보자에게 운전을 가르치는 격이다.

부동산에 대해 모르는 사람들은 대부분 부동산 투자에 대해 부정적인 견해를 보인다. 그 이유는 자신이 정확히 알지 못하고, 가보지 못했기 때문에 소극적이고 부정적인 것이다. <mark>절대로 경험해 보지 않은 사람들의 말에 수긍하지 마라.</mark> 그러면 당신도 부자가 되는 빠른 길로 가지 못하는 똑같은 사람이 되어 버린다.

#할인분양 #급매 #정상가
#싸게_사서_정상가_판매

마트에 장을 보러 가면 할인하는 상품들이 있다. 일명 '떨이상품'인데 상태가 괜찮은 상품을 싸게 구입하면 무언가 큰 이득을 본 것 같은 기분이 든다. 마트의 할인상품과 마찬가지로 부동산도 할인하는 물건들이 있다.

분양상가만 하더라도 시세보다 싸게 구입할 수 있는 물건들이 있다. 분양시점에 시행사(건축주)가 공사자금 확보를 위해 시세보다 대폭 할인하여 분양하는 경우다. 예를 들어 3.3㎡(1평)당 3,000만원의 상가를 2,000만원에 할인분양하는 경우인데, 이렇게 시세보다 싼 상가를 매수하여 월세를 받는다면 정가에 매입한 상가보다 더 높은 수익률을 얻을 수 있다. 그리고 주변 월세보다 싸게 임차를 놓을 수 있다는 것은 프랜차이즈나 금융회사 같은 정박임차자(고정임차인)를 입점시키는 데 큰 도움이 된다. 정박임차자들에게는 상가의 위치도 중요하지만 매달 지불해야 하는 월세비용이 더 중요하기 때문이다.

하지만 일반인들이 이런 물건(할인분양상가)들을 접하기는 쉽지 않다. 대부분 시행사(건축주) 사정에 의해 할인분양되는 정보는 일반 소비자에게는 공개되지 않고, 주변 부동산이나 협력업체에게 먼저 내려주기 때문이다. 또 그렇게 고급정보를 얻은 중개업체나 협력업체는 자신의 VIP 고객들이나 지인들에게만 돈이 되는 부동산을 소개해준다. 이렇게 할인된 값에 산 물건이 결국 일반 소비자들에게 정상가에 판매되는 것이다. 이렇듯 부동산은 '할인된 가격과 정상가' '급매와 정상가'의 사이에서 움직이기 때문에 '할인' 또는 '급매'에서 움직이는 부동산을 매수해야 하는 것이다.

CASE

#상가 #찍기투자
#분양상가 #할인분양 #시세차익

상가 투자로 큰 재미를 본 직장인 H씨는 오직 분양상가에만 관심을 가졌다. 상가는 주택과 다르게 전매제한기간이 없기 때문에 언제든지 원하는 타이밍에 매수자가 나타나면 판매할 수 있다는 장점이 있기 때문이다. 특히 초기 분양 중인 상가와 준공시점이 얼마 남지 않은 상가에 관심이 많았던 그는 나대지상태에서 분양 중인 상가와 준공시점을 얼마 남겨두지 않은 상가 투자에 주력했다. 투자방식은 '보유'를 하기보다 '전매'를 위한 투자였는데, 할인가에 싸게 매입하여 정상가에 재매매하는 방법이었다.

초기 분양상가의 경우 나대지상태에서 선분양을 하게 되는데, 시행사의 공사자금 확보를 위해 일부 호실을 공사원가에 할인하여 분양하는 경우가 종종 있다. 이런 물건을 업자들은 일명 '찍기투자'라고 하는데, 할인물건을 계약금만 걸어놓고 매입한 후 제값에 매도함으로써 시세차익을 실현하는 것이다. 1층이 아니더라도 2층 코너 자리나 주출입구 자리를 싸게 분양 받으면 '웃돈(프리미엄)'을 받고 되팔 수 있다. 그러나 상권이 아직 형성 중이거나 신도시의 경우에는 거품이 있을 수 있으니 조심해야 한다.

준공시점이 가까운 상가들의 경우는 분양계약을 치르고 난 뒤 준공과 동시에 시행사에 잔금을 치르고 소유권이전을 받게 된다. 이때 대부분의 수분양자(최초 분양받은 사람)들은 잔금시점에 은행에서 대출을 활용하는데, H씨는 주로 사정상 잔금을 못치르는 사람들이 싸게 내놓는 상가를 공략했다. 대부분 물건을 급하게 처분하는 분양주들은 수분양을 받아 계약을 했으나 잔금시점에 다른 과도한 대출이나 신용상의 문제 때문에 잔금 대출이 어려워진 경우이다. 이들은 결국 주변 부동산에 자신이 분양 받은 금액보다 손해를 보며 급하게 내놓게 된다. 잔금을 치르지 못하면 그 기간 동안 시행사(건축회사)에 높은 지연이자를 지불해야 하기 때문에 큰 손해를 감수하며 울며 겨자 먹기로 전매를 하게 되는 것이다. 누군가는 손해를 봐야 하는 안타까운 상황이지만 투자자 입장에서는 엄청난 수익을 얻을 수 있는 기회가 된다.

나는 H씨에게 안양시에 위치한 구분상가 3층 30평짜리 상가를 소개했다. 분양주가 잔금 대출이 어려워 잔금을 못치르고 싼 가격에 내놓은 상가였다. '분양가 3억원'에 분양을 받았지만 수분양자의 사정상 잔금 대출이 어려워 전매가로 5,000만원이나 싸게 내놓았고, H씨는 2억 5,000만원에 상가를 매수했다.

이후 H씨는 보증금 2,000만원에 월세 200만원의 조건으로 한의원에 임차를 놓았고(보유하고 있어도 월세로만 연 9.6% 높은 수익률을 보는 상가였다) 임차를 맞추고 난 뒤 3개월 만에 맞벌이부부에게 3억 1,000만원에 전매를 했다. H씨는 3개월 만에 웬만한 대기업 사원의 연봉 정도가 되는 6,000만원(세전)의 수익을 얻었다. 현재도 H씨는 또 다른 상가를 찾아 투자를 하며 빠르게 부를 축적해 가고 있다.

#수익형_상가 #단지_내_상가
#근린상가 #분양상가

필자가 운영하는 〈월급쟁이부동산투자연구소〉를 방문하여 상담을 요청하는 고객들의 상담 중에서 가장 '쟁점'이 되는 것은 '수익형 상가 투자'이다.

초보투자자의 경우 단지 내 상가를 눈여겨 볼 필요가 있다. 단지 내 상가는 아파트 단지 내에 일정 규모로 짓는 근린생활시설로, 주로 아파트 입주민들을 위한 생활밀착형업종(마트, 미용실, 세탁소, 은행)이 입점하기 때문에 장기세입자가 임차하는 경우가 많아 매달 안정적인 월세를 받을 수 있다는 장점이 있다.

단지 내 상가의 공급주체는 민간업체(대기업 건설사)와 공공기관(LH(한국토지주택공사))이 있는데, 민간업체는 홈페이지나 신문공고를 낸 후 경쟁입찰이나 수의계약방식으로 공급하고 있으며, 공공기관은 경쟁입찰방식으로 공급을 진행한다. 입지가 좋은 상가일수록 공개경쟁입찰을 하는 경우가 많으며, 경쟁입찰이란 부동산 경매 입찰과 마찬가지로 내정가를 미리 정해 놓고 가장 높은 금액을 써낸 사람이 분양을 받는 방식이다. 하지만 입찰 현장의 과열 분위기에 휩쓸려 너무 높은 입찰가를 써내는 경우 오히려 독이 될 수 있다. 또한 단지 내 상가의 배후세대는 최소한 1,000가구 이상은 되어야 하며, 단지 내 상가 업종과 중복되는 업종이 있는 대형상권과는 떨어져 있는 단지가 유리하다.

일반 근린상가의 경우에는 상가 주변에 유동인구가 많고 '앵커 테넌트'(쇼핑센터로 대중을 유인하는 유명점포)가 위치하고 있으며, 상가 자체 층별로 매장이 효율적으로 구성되었는지가 중요하다. 또 인도나 도로와의 접근성이 좋아야 한다. 보통 1층 코너 자리나 입지가 좋은 1층 자리는 경쟁이 높아 분양가에 프리미엄까지 붙는 경우가 많아 일반투자자가 접근하기에 부담스러운 게 사실이다. 그러나 1층 상가가 아니더라도 2층이나 상층부 상가도 잘만 고르면 1층 못지않게 효자 노릇을 하기도 한다. 상층부 상가의 경우 상층부 코너 자리나 건물 밖 외부에서도 눈에 잘 들어오는 호실 또는 특별한 조망이 있는 호실이면 정박임차자를 들이기 수월하여 투자금 대비 높은 임차료를 받을 수 있다. 또한 자신이 이곳에서 창업을 한다면 창업 성공의 확신이 오는지, 임차인들이 선호하는 자리인지를 먼저 고려해 봐야 한다.

#상가_투자
#투자_주의점

멀티테마상가나 복합쇼핑센터의 상가 투자시 주의할 점은 내부에 위치하고 있는 분양상가들은 피해야 한다는 것이다. 임차를 맞추기 어려울 뿐더러 임차를 맞췄다 하더라도 온라인 쇼핑몰과의 가격 및 제품면에서 경쟁력이 떨어지고 있어 상가 활성화에 실패할 확률이 높으며, 전체적인 상가 슬럼화로 이어져 장기적인 공실 위험에 빠질 수 있다.

또한 일반 근린상가에 비해 전용률이 낮다는 단점이 있다. 예를 들어 분양면적이 100평이고 전용면적이 50평이라면 전용률은 50%로, 실제사용공간이 50평인 것이다. 보통 상가의 경우 분양면적에 대한 전용률이 낮게는 45%에서 높게는 75%까지 나온다. 특히 오피스텔 단지(1, 2층은 상업시설, 상층부는 오피스텔)에 위치한 상가나 복합쇼핑몰 상가는 공용부분(복도, 에스컬레이터, 화장실, 주차장 등)이 많이 차지하기 때문에 전용률(실사용공간)이 낮아진다. 그래서 분양가는 같지만 전용률이 낮게 나오게 된다. 예를 들어 분양면적 100㎡인 경우 전용률 50%인 A상가와 전용률 75%인 B상가가 3.3㎡당 분양가는 3,000만원으로 같다 하더라도 A상가의 실사용면적은 50㎡이고 B상가의 실사용면적은 75㎡가 되어 상대적으로 A상가의 분양가가 높아지는 셈이다. 자동차를 구입할 때도 연비가 좋은 차를 선호하듯이 상가도 '전용률'이 높은 상가를 매수해야 임차인들의 선호도가 높아진다.

연봉보다 높은 수익은 더 이상 꿈이 아니다. 이런 일은 당신에게도 일어날 수 있다. 선언하고 도전하라. 그럼, 당신도 꿈에 그리던 부동산 부자의 대열에 어느새 합류하게 될 것이다.

자기 신뢰가 성공의
제1의 비결이다.

- 랄프 왈도 에머슨

공동투자로 수익금을 공유하라

#외식창업
#지옥의_창업길
앞서 언급했지만 부동산중개업을 하다보면 외식창업을 희망하는 고객들을 많이 만나게 된다. 대부분의 창업을 준비하는 고객들은 직장을 그만두거나 직장에 다니면서 투잡으로 외식창업에 뛰어드는 사람들이다. 그런데 이들의 공통점은 막연하게 성공할 수 있다는 자신감만으로 철저한 준비도 없이 자영업에 뛰어든다는 것이다. 나는 매번 외식창업을 희망하는 고객들의 점포를 중개하면서 내심 '이분은 과연 얼마나 버틸까?'라는 생각에 마음이 좋지 않았다. 그만큼 경기가 어려운데다 열에 아홉은 1년을 못 버티고 망해 나가는 것을 수없이 지켜봤기 때문이다.

외식창업을 시작하는 많은 사람들, 그들은 한 번의 실패로 인해 재기불능상태에 빠지며 파산하기도 한다. 그런데도 수많은 사람들은 뭔가에 홀린 듯 불나방처럼 지옥의 창업 길로 뛰어든다.

CASE #창업_포기
#빌라_공동투자

직장인 A씨는 창업을 위해 직장을 그만두었다. 정해 놓은 뚜렷한 아이템은 없었지만 직장생활을 하며 틈틈이 창업 세미나에 참석하며 식견을 넓히고 창업과 관련된 책들도 정독하며 창업에 대한 꿈을 키워나갔다. 그런데 막상 직장을 그만두고 프랜차이즈 창업을 하려고 보니 생각했던 것보다 더 많은 돈이 필요했다. 프랜차이즈 회사에서 보내준 견적이 자신이 예상했던 금액보다 훨씬 더 많았던 것이다. 비용이 적게 드는 업종으로 바꿔 볼까 고민도 하고 규모를 더 작게 시작해 볼까도 생각해 봤지만, 그렇게 되면 자신이 계획했던 아이템과 너무 빗나가게 되었다. 그리고 소액으로 시작하는 외식창업이다 보니 주변 지인들의 만류도 만만치 않았다. 시간이 지날수록 자신감은 점점 줄어들었다.

그렇게 몇 개월 동안 창업을 고민하던 A씨는 우연한 기회에 지인의 추천으로 부동산 경매 공부를 시작하게 되었다. 경매 투자로 창업 비용을 좀 더 불려보려는 생각이었다. A씨는 창업의 꿈을 잠시 접고 6개월 동안 경매 공부에 매진했다. 다행히 퇴사 후 실업급여를 받고 있어서 공부에만 집중할 수 있었다. 회사를 다니며 모아둔 돈과 퇴직금에는 손도 되지 않고 부동산 공부에 매진하던 중 우연히 필자의 세미나에 참석해 인연을 맺게 되었다. 세미나를 마치고 참석자들과 인사를 나누고 있는데 A씨가 캔 커피 하나를 사들고 나에게 슬며시 다가와 나직한 목소리로 말했다.

"소장님, 오늘 강연 너무 인상 깊게 들었습니다. 혹시 저도 공동투자에 끼어주시면 안 될까요? 열심히 하겠습니다."

그의 갑작스러운 질문에 나는 웃음이 튀어나왔다. A씨는 투자는 하고 싶은데 겁은 나고 투자금도 많지 않아 내가 운영하는 공동투자 모임에 끼어달라는 것이었다. 당시 나는 몇몇 지인과 투자자들을 상대로 빌라 개발 펀드모임을 진행하고 있었다. 소액을 가지고 있는 다수가 모여서 토지를 매입하고 그곳에 12세대 미만의 빌라 또는 오피스텔을 지어 분양하거나 전세를 맞춰 수익을 배분하는 구조였다. 물론 그 펀드모임에는 아무나 끼어주지 않았다. 기본적으로 신뢰를 바탕으로 하는 모임이라 성격이 급하거나 자기 실속만 차리려는 사람들은 철저하게 배제시켰다.

그는 나에게 그 펀드모임에 합류하고 싶다고 조심스럽게 말하고 있는 것이었다. 나는 젊은 나이에 창업을 하려고 회사도 그만둔 A씨가 안쓰러우면서도 대견해 보였다. 그렇게 A씨는 우리 모임에 합류하게 되었고, 세 번째로 진행하는 프로젝트인 안양시 비산동 다세대 빌라 신축사업에 함께 투자를 하게 되었다.

총공사비는 토지 매입부터 준공까지 8억 5,000만원가량 예상되었고, 주변 20평형대 빌라의 평균 분양가는 1억 4,000만원~1억 5,500만원 정도에 형성되어 있었다(세대당 분양가는 1억 5,000만원으로 확정, 총 8세대 분양시 12억원). 건축회사와 도급계약을 체결하고 자금관리는 부

- 토지매입비용 : 3억 5,000만원
- 건축비용 : 4억 3,000만원
- 취득세, 준공비용, 신탁비용, 기타 경비 : 7,000만원
- 총 소요비용 : 8억 5,000만원
- 8세대 분양가 : 1억 5,000만원 × 8세대 = 12억원
- 8세대 양도 후 차익 : 3억 5,000만원(세전)

동산신탁회사에서 진행하기로 했다. 총 7명이 투자금을 모아 들어갔으니 수익금도 7분의 1로 분배하기로 했다. 착공부터 준공까지 6개월가량 소요되는 사업이었고, 나는 착공과 동시에 분양을 진행했다. 만약 미분양이 날 경우에는 월세나 전세로 돌려 투자금 일부를 회수한 상태에서 일정 기간 보유하다 분양을 하겠다는 출구전략도 세우고 있었다. 그러나 미분양이 나더라도 8세대 모두 전세와 월세를 맞춘다면 투자금은 모두 회수할 수 있는 안전한 구조였다.

다행히도 역세권 근처라 준공 전후로 총 8세대 중 7세대의 분양이 완료되었다. 1세대당 분양가는 1억 5,000만원으로, 총 7세대(10억 5,000만원)가 분양되어 투자원금 8억 5,000만원을 확보하고도 2억원의 수익이 생겼다. 그리고 분양이 안 된 1세대는 보증금 1,000만원에 월차임 80만원에 월세를 주었고, 매달 들어오는 월세는 투자자들에게 투자금 비율대로 매월 입금했다. 그렇게 월세를 주다 1년도 안 되어 실거주자에게 분양을 했다. 아주 성공적인 투자였다.

이 사례처럼 아무리 덩치가 큰 부동산 투자도 다수의 사람들이 모이면 투자가 가능해지고 높은 수익률을 만들 수 있다. 이제 부동산 투자의 방식도 새로운 패러다임으로 변해가고 있다. 우리는 임대인이 되어 월세를 받을 수도 있으며, 투자자의 위치에서 수익금을 분배받을 수도 있다.

남들이 가지 않는 길을 가야만 빠르게 성공할 수 있다. 부동산 경기가 '호경기(好景氣)'로 건축 붐이 일어 모두 다 미친 듯이 주택을 매수할 무렵, 나는 반대로 집을 팔았다. 사는 것이 유행이라면 팔아야 한다. 반대로 파는 것이 유행이라면 사거나 가만히 있어야 한다. 내가 10년 이상 부동산업계에 몸담으면서 터득한 진리이자 정답이다.

가시에 찔리지 않고서는
장미꽃을 모을 수 없다.
― 필페이

꼬마빌딩으로 든든한 노후를 보내자

#하루는_24시간
#노동의_대가 #소득의_파이프라인 안타까운 일이지만 직장인들의 화두는 '잘리지 않고 오래 버티기'다. '평생직장'이라는 말은 없어진지 오래다. 다니는 직장이 적성에 맞지 않고 근무환경이 힘들어도 막상 갈 곳이 없는 직장인들은 어떻게든 자리를 유지하려고 아등바등 거린다. 더럽고 치사해 다른 회사로 이직을 하고 싶어도 마땅한 스펙이나 경력이 부족해 어디 하나 반겨 줄 곳이 없는 것이 현실이다.

　10년차 직장인 P씨는 회사생활을 시작한 후 이렇다 할 스펙을 갖추지 못하고 일에만 치여살고 있다. 상황은 사회 초년생 때나 지금이나 나아진 게 없다. 10년의 기간 동안 3번의 이직으로 그 흔한 과장한 번 달아보지 못했다. 영업직 특성상 퇴근 후에 이어지는 잦은 회식자리로 허구한 날 술과 당구에 빠져 사는 게 취미이자 일상이 되어 버린 P씨는 뚜렷한 목표도 없이 수동적인 삶에 익숙해져 버렸다.

직장생활 10년 동안 재테크라고는 은행 저축과 적립식 펀드가 전부인 그는 딱히 모아놓은 돈도 없다. 매일 같이 시달리는 업무 스트레스와 동료들과의 대인관계 문제 등 하루에도 몇 번씩 직장을 그만두고 싶지만, 얼마 되지 않는 월급이라도 없으면 그동안 모아놓은 돈을 쓰며 살아야 한다는 생각이 발목을 잡는다. 학창시절에는 우등생 소리도 들었지만, 사회에서는 더 이상 엘리트가 아니었다. 세상이 만들어 놓은 틀에 맞추어 살아가는 지극히 평범한 박봉인생인 셈이다.

P씨와 같이 우리가 직장생활에서 벌어들이는 수익(월급)은 우리가 회사에 내놓은 시간과 지정된 업무할당량을 수행함으로써 지불받는 노동의 대가이다. 만약 당신이 주유소에서 아르바이트를 해 시간당 7천원을 받는다면 당신의 시간당 노동가치는 7천원이다. 당신이 시간당 100만원을 받고 일하는 변호사라면 당신의 시간당 노동가치는 100만원인 셈이다. 여기서 깨달아야 할 점은 시간을 지불해서 얻는 것은 '돈'이다. 그런데 우리가 노동의 대가만큼 보상받을 수 있는 시간은 제한적이다. 시간당 100만원을 받는다고 해서 하루 24시간을 일할 수는 없는 노릇 아닌가? 그렇기 때문에 우리는 일하고 있지 않을 때에도 나에게 돈을 벌어다주는 '파이프라인 시스템'을 구축해야만 한다.

CASE

#50대_중년부부
#6억원 #꼬마빌딩_투자

부동산 사무실에 50대 중년부부가 방문했다. 20년 동안 맞벌이하며 열심히 살아온 부부는 그동안 직장생활을 하며 벌어놓은 목돈으로 노후대비 수익형 상가를 찾고 있는 중이었다. 당시 중년부부는 6억원 정도의 현금을 가지고 있었고, 은행 대출을 6억원 정도 받을 생각으로 12억원 정도의 투자물건을 찾고 있었다. 부동산의 '부' 자도 모르는 중년부부는 주택 거래는 몇 번 해봤지만 상가 투자는 처음이라 걱정이 많았다.

나는 그 당시 관심을 가지고 보던 인천시에 법원경매로 나온 꼬마빌딩(근린상가)을 소개했다. 당시 그 꼬마빌딩은 감정평가액과 대비했을 때 충분히 저평가되어 있었다. 물론 낙찰을 받는다 해도 중년부부의 투자금 6억원과 예상 대출액 6억원으로는 매입비용이 부족해 추가금액은 은행 대출을 더 받기로 하고 입찰에 들어갔다. 낮은 금액으로 낙찰만 더 받을 수 있다면 웬만한 번화가 1층 코너 자리 구분상가(1개 호실로 일정 규모별로 구분등기가 되어 있는 상가)보다 가격 대비 몇 배나 높은 수익률을 거둘 수 있는 상가건물이었다.

경매개시결정 이후에 감정가 20억원에서 3회 유찰되어 10억원부터 입찰이 진행되고 있는 물건이었다. 건물 외관은 1997년 지어진 건물치고는 깔끔한 편이었다. 다만 오랫동안 내부시설의 관리가 안 돼 손볼 곳이 많았다. 지하 1층부터 지상 7층 건물로 지하 1층은 주차장으로 사용 중이었고, 지상 1층에는 블라인드 제작회사가 입점해 있었고, 2층과 3층은 환경관리대행회사 및 사무실, 4층과 5층은 학원과 건축회사 사무실, 6층과 7층은 깔세(임차할 때 임차기간 만큼의 월세를 한꺼번에 미리 지급하는 단기임차방식)로 건강식품매장이 입점해 영업 중이었다.

주변은 주거밀집지역으로 유동인구가 많고 초역세권(수인선)에 자리 잡고 있어 미래가치도 높았다. 낙찰 후 간단한 내부 리모델링공사를 통해 조금만 손본다면 깔세로 있는 6층과 7층에도 고정임차자(건물의 가치를 높여주며, 장기간 임차하는 세입자)를 맞출 수 있을 거라는 예상이 들었다.

입찰 당일 중년부부와 함께 입찰법원에 동행했다. 항상 입찰하는 사람들로 북적이던 입찰법원이 그날따라 의외로 한가했다. 사전에 입찰가 70%를 써낼 생각으로 갔었지만, 법원 분위기를 봐서는 좀 더 낮게 써내도 될 것 같은 판단이 들었다. 나는 입찰 한 시간 전 부부에게 입찰가 수정을 제안했다. 수년 동안 경매바닥에서 쌓아온 나만의 '촉'이 발동한 것이다. 보통 나는 입찰물건 현황조사 후 입찰법원을 가기 전에 예상낙찰가를 정하고 이동하는 편이지만, 입찰법원 분위기에 따라 현장에서 입찰가를 수정하는 경우도 종종 있다. 그렇게 입찰가를 논의한 결과 나는 66% 정도가 적정 입찰가라는 판단이 섰고 부부와 상의 끝에 13억 7,600만원으로 입찰에 들어갔다. 입찰보증금 10%와 함께 입찰표를 제출하고 난 뒤 긴장되는 마음으로 '최고가매수인'(입찰에 참가한 사람들 중에서 제일 높은 가격에 입찰서를 제출한 사람)을 호명하기까지 떨리는 마음으로 결과를 기다렸다. 잠시 후 최고가매수인이 호명되었고 나의 생각은 적중했다. 13억 7,600만원(66.83%)에 우리가 낙찰을 받았다. 총 27명이 입찰에 참여했고, 2순위 입찰자

2012타경			• 인천지방법원 본원	• 매각기일: 2013.06.05(水)(10:00)	• 경매 7계 (전화:032-860-1607)
소재지	인천광역시 연수구 연수동 도로명주소검색				
물건종별	근린시설	감정가	2,058,999,240원	오늘조회: 1 2주누적: 0 2주평균: 0 조회동향	
토지면적	367.9㎡(111.29평)	최저가	(49%) 1,008,909,000원	구분 / 입찰기일 / 최저매각가격 / 결과 1차 / 2012-12-06 / 2,058,999,240원 / 2013-01-07 / 1,441,299,000원 / 변경	
건물면적	1951.73㎡(590.398평)	보증금	(10%) 100,900,000원	2차 / 2013-05-06 / 1,441,299,000원 / 유찰 3차 / 2013-06-05 / 1,008,909,000원	
매각물건	토지·건물 일괄매각	소유자	김	낙찰: 1,376,000,000원 (66.83%) (입찰27명,낙찰:인천 / 차순위금액 1,342,999,000원)	
개시결정	2012-06-20	채무자	이	매각결정기일: 2013.06.12 - 매각허가결정 대금지급기한: 2013.07.16	
사건명	임의경매	채권자	저축은행	대금납부 2013.07.10 / 배당기일 2013.08.22 배당종결 2013.08.22	
관련사건	2012타경95167(중복)				

- 소재지 : 인천시 연수구 연수동
- 감정가 : 20억 5,899만원(100%)
- 최저경매가 : 10억 891만원(49%) 3회 유찰
- 낙찰가 : 13억 7,600만원(68.83%)
- 전체 호실 보증금 : 7,000만원
- 전체 호실 월세 : 1,200만원
- 수익률 계산 : 월세 1,200만원 × 12개월 / 실투자금 6억원 × 100
  = 연수익률 24%
- 대출금 : 8억 5,000만원(대출금리 3%, 월 이자 212만원)
- 경비처리 후 수익률 : 전체 월세(월 기준) 1,200만원 - 월 금융비용 212만원 × 12개월 / 실투자금 6억원 ×100 = 경비처리 후 연수익률 19.7%

와는 3,000만원 차이로 낙찰을 받은 것이다.

총투자금 6억원을 모두 투자하고 나머지 7억 7,600만원과 취·등록세는 은행 대출을 이용해 소유권이전등기를 했다. 그리고 1층부터 4층 임차인과는 협의하여 월세를 인상하는 조건으로 재계약을 했고,

5층은 인테리어 작업을 통해 3개 칸으로 구획하여 1인기업 등에 소호사무실로 임차를 주어 수익률을 높였으며, 6층과 7층은 교회에 임차를 주었다.

매달 들어오는 월 임대료만 무려 1,200만원, 은행이자를 제외하고도 1,000만원이 들어오는 엄청난 수익을 만들어 주는 꼬마빌딩이 된 것이다. 중년부부는 '꼬마빌딩'으로 노후걱정 없이 월세 받는 월급쟁이가 되었다. 지금도 나는 중년부부와 연락을 하며 지내고 있다. 가끔씩 새로운 투자물건을 소개해 주며 함께 공동투자도 할 정도로 가까워졌다. 더 놀라운 것은 부부의 꼬마빌딩 시세가 최근 25억원으로 껑충 뛰어 행복한 비명을 지르고 있다는 것이다.

#꼬마빌딩 #상가건물
#투자_주의점

이 부부처럼 은퇴를 대비해 부동산을 이용한다면 은퇴시기가 닥치더라도 여유롭게 사표 한 장 던지며 당당하게 직장 밖으로 행군할 수 있다. 여기서 꼬마빌딩이나 통 상가 매입시 주의해야 할 점을 알아보자.

첫째, 주차장 여부와 건물과 도로와의 관계이다. 주차장이 없고 도로에서 많이 벗어나 있는 건물은 인구 유입성이 떨어지기 때문에 임차인 확보가 어려워 공실 위험성이 높다.

둘째, 건물의 외관과 내부상태를 꼼꼼히 살펴봐야 한다. 건물 외관 공사 비용과 건물 내부 화장실·계단·옥상 등을 사전에 꼼꼼히 체크하여 사전에 수리비용을 추산해 봐야만 매수 후에 막대한 공사비용을 피할 수 있다. 꼬마빌딩은 외관공사와 내부 새 단장만 잘해도 건물의 상품가치를 몇 배는 올릴 수 있고, 임대료 상승 등 반사이익도 볼 수 있다. 하지만 건물이 노후되어 리모델링 공사비용 및 유지보수 비용이 너무 많이 발생한다면 그만큼 수익률도 낮아진다는 것을 염두에 두어야 한다.

셋째, 은행이자가 매달 받는 월세의 50%를 넘어가면 안 된다. 경매를 받은 경우 대부분 경락잔금대출을 이용하게 되는데, 이자만 지불하는 거치식방식에서 원리금균등상환방식으로 이자상환방식이 변경되어 원금과 이자(원리금)를 함께 지불하게 되면 매달 받는 월세만으로 원리금을 감당하기 벅찰 수도 있다. 또 재매매를 생각하는 경우에도 새로운 매수자가 나타날 때까지 여유롭게 끌고 가려면 과다한 대출로 인한 자금압박이 있으면 안 된다. 이런 경우 급매로 처분하더라도 탄력적이지 못하기 때문에 금전적 손실이 따르게 된다.

잊지 마라. 자신을 위해
부를 창조하는 비결은
남을 위해 부를 창조하는 것이다.
− 존 템플턴

부동산 P2P 투자가 뜨고 있다

#생각의_유연성 미국 샌디에이고의 '엘코르테즈호텔'에서 있었던 일이다. 호텔은 고객이 늘자 호텔을 증축했다. 그런데 호텔의 증축으로 더 많은 고객들이 엘리베이터를 이용하게 되면서 기존의 엘리베이터로는 고객을 제대로 수용할 수 없었다. 호텔 투숙객들의 불만이 늘자 호텔 경영진은 엘리베이터를 추가로 설치해야 한다는 결론을 내렸다. 그러나 공사 중에도 호텔 영업을 계속할 수 있을지가 문제였다. 각 층마다 건물 일부를 뜯어내고 새로운 엘리베이터를 추가로 설치해야 하는 작업이기 때문에 설치공사를 하는 동안 호텔 영업도 할 수 없을 것이며, 직원들 역시 일을 쉴 수밖에 없었다. 경영진들은 이러지도 저러지도 못하고 고민에 빠져 있었다. 그런데 그 이야기를 접하게 된 호텔 청소부의 말 한마디에 경영진과 기술자들은 깜

짝 놀랐다.

"아니, 뭘 그렇게 고민해요? 나 같으면 밖에다 만들겠구만. 그러면 호텔 내부가 엉망진창이 되지 않을 테고 호텔 영업도 계속할 수 있을 텐데…."

이렇게 해서 미국 최초로 건물 외부에 옥외 엘리베이터가 만들어졌고, 엘리베이터를 타는 순간 멋진 경치도 감상할 수 있게 되었다고 한다.

이처럼 사람들은 쉽게 접근할 수 있는 문제도 어렵게만 생각하는 경향이 있다. 우리는 이 청소부처럼 생각의 유연성을 가져야 한다. 생각의 유연성은 다른 사람들이 보지 못한 것을 보게 하는 안목을 키워주고, 새로운 기회도 발견하게 해주기 때문이다. 마찬가지로 부동산 투자에 있어서도 유연한 생각이 필요하다.

#부동산_간접투자 #리츠
#크라우드펀딩 #P2P투자 사람들은 부동산 투자는 '직접투자'를 해야만 한다는 편견을 가지고 있다. 대부분 이런 사람들은 투자에 있어서도 '고정관념'이 심한 편이다. 이들은 부동산 투자를 하면 자신의 소유가 되어야만 한다고 생각한다. 이런 경우 모든 리스크도 온전히 본인이 짊어져야 한다는 부담감이 크기 때문에 투자가 두렵고 망설여진다.

그런데 최근 부동산도 '간접적'으로 투자할 수 있는 여러 방법들이 생겨났다. 그렇다면 이제 우리는 목돈이 아닌 소액으로도 투자가 가능한 '간접투자'도 생각해 봐야 할 때이다. 부동산 간접투자의 대표적인 상품으로는 리츠가 있다. 리츠(REITs)는 주로 부동산 개발사업, 부동산 임대, 주택저당채권 등에 투자해 수익을 올리는 상품으로, 1998년 외환위기 때 국내 기업들의 구조조정 지원을 위해 도입된 후 지속적으로 성장해 왔다. 하지만 요즘 리츠보다 더 핫한 새로운 아이템이 생겨났다. 바로 10% 이상의 수익률을 가져다 주는 '부동산 크라우드펀딩'(웹이나 모바일 네트워크를 통해 다수의 개인들로부터 자금을 모아 투자 또는 후원하는 것을 뜻한다)이다. 다소 생소한 단어이기는 하나 높은 수익률을 가져다 주는 투자처로 젊은 직장인들에게 인기몰이를 하고 있는 중이다.

부동산 투자는 적게는 몇 천만원에서 많게는 몇 억원의 목돈이 들어가야 하지만 크라우드펀딩 방식으로 투자를 하면 몇 십만원 또는 몇 백만원만 있어도 투자가 가능하기 때문에 소액투자자들에게 접근성이 좋다. 이렇게 부동산에 크라우드펀딩을 도입한 것이 바로 부동산 P2P(Peer to Peer)로, 개인 간의 금융거래를 뜻한다.

P2P 투자는 크라우드펀딩처럼 여러 사람들이 자금을 모아 후원이나 투자를 하는 것에서는 비슷하지만, 금융사업을 목적으로 하는 플랫폼 중개회사가 투자상품을 선별하여 온라인을 통해 공개하고, 다수의 개인투자자들에게서 투자금을 모아 대출희망자에게 대출을 해주는 방식이다. 어찌 보면 크라우드펀딩 시스템과 흡사하지만 좀 더 상업적이며, 재테크를 위한 온라인 금융서비스라는 점에서 차별된다.

쉽게 말해 부동산 P2P 투자는 금융기관에서 하는 대출서비스를 개인과 개인이 '인터넷 플랫폼 중개사이트'를 통해 자금을 빌리고 빌려주는 형태의 새로운 대출 및 투자서비스라고 보면 된다. 초기에는 개인과 개인이 돈을 빌리고 빌려주는 식의 신용상품들이 대다수였지만 최근에는 안정성과 수익률이 높은 부동산담보대출 P2P 상품이 주목받고 있다.

#부동산_개발사업자 #소액투자자
#P2P #투자·대출시스템 #상생모델

A라는 빌라 건축업자가 토지를 매입해 빌라 건축사업을 하려고 한다. 하지만 사업자금이 일부 모자란 A씨는 시중은행(제1금융)에서 대출을 받기 위해 대출신청을 했다가 대출심사기준을 충족하지 못해 결국 저축은행이나 민간자금(제2금융, 사채)에서 높은 금리(20~30%)로 자금을 빌려 높은 이자를 지불하며 어렵게 건축을 하고 있다. 이 경우 고금리 대출이자를 견디지 못해 연체라도 하게 되는 날이면 해당 금융기관은 해당 사업지를 압류해 경매로 넘기게 된다.

  P2P 상품은 훌륭한 사업성을 가지고 있는 영세한 부동산 개발사업자(건축주)들을 위해 온라인상에서 다수의 사람들이 모여 투자금을 모아 건축주에게 돈을 빌려주는 시스템이다. 부동산 개발사업자는 다수의 투자자들에게 '중금리'(12~18%)로 자금을 빌려, 고금리에 대한 부담 없이 안전하게 사업을 준공해 분양까지 성공시킨다. 다수의 개인투자자들은 부동산 개발사업자에게 연 12~18%의 높은 이자를

받으며 건축물 준공과 동시에 대환대출구조로 원금을 상환 받게 된다. 이처럼 부동산 P2P 투자는 개인투자자들에게는 비교적 안정적이고 높은 수익률을 제공하며, 부동산 담보가 있다는 점에서 매력적이다.

우리 주변에는 능력 있고 사업성이 좋은 부동산 개발사업자들도 많고, 또 건축자금을 구하지 못해 애태우고 있는 건축주들도 의외로 많다. 이와 반대로 투자처를 잃은 소액투자자들은 마땅한 투자처를 찾지 못해 헤매이고 있다. 이처럼 훌륭한 사업자와 갈 길 잃은 소액투자자들에게 어쩌면 부동산 P2P 투자·대출시스템은 서로에게 가뭄 속 단비 같은 존재라고 할 수 있다. 투자자들에게는 보다 안전하고 편리한 투자와 높은 수익을 제공하며, 부동산 개발사업자들에게는 사업의 기회를 제공한다는 점에서 서로 공생하는 관계라고 볼 수 있다. (부동산 P2P 투자에 대해 더 알고 싶다면 월급쟁이부동산투자연구소 (http://www.thesuperrich.co.kr)를 참고하자)

CASE #부동산
#P2P투자

30대 직장인 K씨의 유일한 재테크 수단은 은행 적금이었다. 그러다 펀드 강풍이 몰아칠 때 은행에 다니는 친구에게 적립식펀드를 권유받고, 적금보다 나을 것이라는 말에 난생 처음 펀드 투자를 시작했다. 그리고 적금보다 더 높은 이자를 받다 보니 더 높은 수익률을 쫓아 공격적인 투자를 하게 되었고, 해외펀드상품에까지 투자를 하다 결국 원금손실을 보게 되었다. 그렇게 적금만 하던 K씨에게 펀드투자의 실패는 큰 고통이자 쓰라린 기억으로 남았다. 다시 안전한 적금이 최선이라고 생각하고 열심히 적금을 들었지만 이미 펀드로 높은 이자를 받아 본 K씨에게 적금은 더 이상 재테크가 아니었다.

종잣돈을 어떻게 굴리면 좋을까 고민하던 K씨는 회사 동료의 소개로 P2P 투자에 대해 알게 되었다. 다소 생소한 투자였지만 알면 알수록 매력적으로 다가왔다. 저축처럼 원금보장이 되지는 않지만 부동산을 담보로 제공하니 안전하다는 생각이 들었다. 또한 중금리의 이자를 받고 중위험을 감수한다는 것이 긍정적으로 여겨졌다. 그러나 워낙 소심한 성격 탓에 선뜻 투자를 진행하지 못하고 수개월 동안 P2P 회사 사이트에 접속해 '눈팅'만 하고 있었다.

그러다 부동산 P2P 회사에서 10억원의 건축자금을 모집한다는 공지를 보고 재미삼아 소액을 투자하기로 결심하고 가상계좌에 투자금을 예치했다. 그런데 펀딩 완료까지 채 1분도 걸리지 않고 투자상품이 마감되는 바람에 투자를 진행해 보지도 못했다. K씨는 '이렇게 많은 사람들이 1분도 걸리지 않고 투자하는 상품이라면 나도 한 번 해 볼 만하겠다'라는 근거 없는 자신감이 피어나기 시작했다. 또 회사 동료가 매달 쏠쏠한 이자를 받는 모습을 지켜보면서 투자에 대한 확신은 더욱 커졌다.

고민 끝에 다른 P2P 회사의 6개월 단기투자상품에 1,000만원을 투자했다. 6개월 후 K씨는 이자와 원금을 안전하게 상환 받으며 P2P 투자가 생각보다 안전하다는 것을 몸소 체험했다. 하지만 안전하다는 생각도 잠시 두 번째 투자한 상품이 예정되었던 원금상환일에 상환되지 않고 연체가 발생하자 불안해지기 시작했다. 해당 업체는 날씨로 인한 단순 공기연장이라고 했지만 불안했다. 매일 P2P 회사에 전화를 걸어 원금이 안전하게 상환되는지 하루에도 몇 번씩 담당자를 귀찮게 했다. 담당자는 동절기 공사로 인한 단순 마감공사 연장이라고 말하지만 K씨는 '투자상품이 부도라도 나면 어쩌나? P2P 회사가 사라져 버리면 어떻게 하나?'라는 생각에 불안에 떨며 밤잠을 못 이루기도 했다. 하지만 담당자의 자세한 설명과 나름대로 온라인 커뮤니티를 통해 이것저것 알아보니 연체의 구조와 상황을 알게 되어 한시름 놓을 수 있었다.

"초기에는 P2P 회사만 맹신하고 투자상품에 대한 지식과 경험 없이 투자를 진행했기 때문에 투자를 해놓고도 늘 불안했어요. 하지만 이제는 회사가 아닌 투자상품을 보고 투자를 결정하기 때문에 연체가 발생하더라도 여유를 가지고 기다립니다."

K씨는 여러 번의 P2P 투자를 경험하면서 자신만의 투자노하우가 생겼을 뿐만 아니라 각 회사의 장점과 단점을 구분하여 투자금을 정하고, 분산투자를 진행하며 위험을 관리하고 있다. 또한 투자상품이 연체가 되어도 연체이자를 받는 것에 대한 재미까지 느낄 만큼 P2P 투자에 자신감도 붙었다. 현재는 부동산 후순위 건축자금 대출을 전문으로 하는 부동산 P2P 회사의 투자상품에 투자를 하며 '연 18%'대의 높은 수익률을 얻고 있다.

앞으로 개인과 개인을 연결해 주는 새로운 금융 핀테크(금융과 IT의

융합을 통한 금융서비스) 산업이 엄청난 발전을 할 것으로 예상된다. 이처럼 우리는 빠르게 변하는 세상 속에 살고 있다. 가만히 있으면 뒤처지는 세상이다. 이제 유연한 생각을 가지고 새로운 투자처를 찾아볼 때이다.

돈은 최고의 하인이면서
최악의 주인이다.
- 프랜시스 베이컨

개발지역에 관심을 가져라

#투자의_기회
#부자가_되는_기회

평범한 사람들은 부동산으로 부자가 된 사람들을 보며 부러워 하고 동경하는 마음을 갖는다. 그러면서 마음속 한 켠에는 '저 사람은 엄청난 재력이 있을 거야' '부모를 잘 만났을 거야'라고 회의적인 생각을 한다. 나 또한 초보투자시절, 부동산 투자로 성공한 사람들을 보면서 '저 사람은 분명 태어나면서부터 부자일 거야' '투자에 엄청난 재능이 있을 거야'라고 생각했기 때문이다. 그러나 성공한 사람들은 과감히 도전하여 행운의 기회를 먼저 잡았을 뿐 아주 평범하기 그지없다.

많은 사람들에게 사랑을 받았던 인기 드라마 〈응답하라 1988〉에서도 부동산 투자 이야기가 나온다. 이 내용을 보면 투자의 기회를 어떻게 잡느냐에 따라 부자가 될 수 있는 기회가 빠를 수 있다는 것을 알 수 있다.

CASE

\#응답하라_1988
\#땅_투자 \#신도시_투자

〈응답하라 1988〉의 마지막회에서 덕선이네 집이 서울 도봉구 쌍문동에서 성남시 분당구 판교로 이사를 가면서 생긴 에피소드다.

덕선이네가 쌍문동을 뒤로 하고 이사를 갔던 곳이 바로 제2의 강남이라 불리는 '판교'이다. 당시만 해도 판교는 검단산과 청계산으로 둘러싸인 논과 밭뿐인 시골마을이었다. 드라마의 한 장면 중 이삿짐 트럭 운전기사가 덕선이 아빠에게 "어디로 이사 가세요?"라고 묻자 덕선이 아빠는 "멀리 간다. 판교로!"라고 대답했다. 그러자 운전기사는 "농사 지으러 가세요?"라고 물었다. 이렇게 미래를 내다보는 사람과 한치 앞도 못보는 사람의 미래는 하늘과 땅 차이가 되는 것이다.

덕선이 아빠는 판교가 신도시로 개발된다는 정보를 알고 1994년 2억원의 퇴직금을 받아 판교로 이사를 갔다. 그 당시 기준으로 땅 시세가 3.3㎡(1평)당 60~100만원 수준이었다. 하지만 이사 후 2000년대 초반 개발 호재로 땅값이 급등하면서 3.3㎡(1평)당 350~400만원까지 치솟았다. 만약 덕선이 아빠가 300평의 단독주택을 샀다면 5~6년 만에 평균 8억원 정도의 시세차익을 볼 수 있는 것이다. 물론 지금까지 가지고 있었다면 그 금액은 상상을 초월할 것이다.

#땅_투자 #신도시_투자
#개발지역

우리가 땅을 선택할 때 어떤 점을 고려해야 할지에 대한 답은 땅을 매수하려는 투자자의 목적에 따라 다르다. 순수 재테크 목적인지 아니면 전원주택이나 별장을 짓고 살기 위함인지에 따라 투자방법은 달라진다.

전원주택의 목적이라면 투자는 간단하다. 공기 좋고 경치가 좋은 곳을 선택하면 된다. 하지만 재테크가 목적이라면 하나하나 꼼꼼히 따져 봐야 한다. 가장 중요한 포인트는 투자지역의 도시군계획(도시의 바람직한 미래상을 정립하고 이를 시행하는 일련의 과정 및 계획)이다.

토지는 개발에 대한 기대감이 높으면 높을수록 그 가치와 가격이 높아지기 마련이다. 실제로 개발지역의 토지는 개발 발표시점부터 착공, 개발완료시까지 3단계에 걸쳐 상승한다. 이처럼 개발지역 안의 토지는 불황을 모를 정도다. 하지만 개발지역이라도 투자는 타이밍이 중요하다. 그렇기 때문에 투자시기도 전략적으로 접근해야만 더 큰 이익을 낼 수 있다. 즉, 사야 할 때와 팔아야 할 때의 타이밍이 매우 중요한 것이다. 개발지역으로 발표가 되면 투자자들의 관심이 쏠리기 때문에 투자자들의 발길이 잦아지고 인근 공인중개사들의 발걸음이 빨라지기 시작한다.

가장 추천하는 방법은 개발계획 발표 직후 가격 형성이 이루어지기 시작하는 시점에 투자했다가 개발이 가시화된 개발 중반기 때 되팔고 나오는 방법이다. 물론 중반기에 사서 개발완료 전에 팔아도 타이밍만 좋다면 수익을 낼 수 있다. 가격은 개발완료까지 지속해서 출렁거리기 때문이다.

각종 개발계획에 관한 정보는 해당 지자체 홈페이지에만 접속해도 도시개발계획의 입법·고시·공고를 열람할 수 있고, 해당 시·군·구의 미래 개발방향과 발전계획을 볼 수 있다. 더 정확한 답변을 듣기 위해서는 담당 공무원과 통화해 알아볼 수 있다. 그럼 개발이 변경되거나 취소된 내용까지 정확히 알려준다.

신도시 개발의 경우 개발 발표시점부터 하나의 도시가 만들어지는 데까지 짧게는 7년에서 길게는 10년이란 시간이 걸린다. 이렇게 오랜 시간 동안 변화하는 신도시에는 먹을거리가 넘쳐난다. 오죽하면 부동산 침체기에도 신도시는 빗겨간다는 말까지 나올 정도다. 지금도 수많은 신도시는 하루가 멀다 하고 천지개벽 중이다. 지금이라도 신도시 투자에 관심을 가져보는 건 어떨까?

<u>투자의 기회를 만드는 건 생각의 차이에서부터 시작한다. 생각의 차이는 결과의 차이를 가져온다.</u> 바로 허슬정신(기존의 시스템과 규칙을 뒤엎어 버리는 도전정신)이다. 역발상으로 조금만 생각을 틀어 고민한다면 더 쉽게 높은 수익을 얻을 수 있게 될 것이다.

돈이 유일한 해답은 아니지만
차이를 만들어낸다.
– 버락 오바마

3천만원으로 상가 투자에 성공한 이 과장

이 과장은 2년 전 필자의 중개 업무를 도왔던 직원이다. 필자보다 다섯 살이나 많은 나이였지만 동료로서 그리고 직원으로서 필자에게 많은 도움을 주었다.

이 과장은 부동산 업무를 시작하기 전 한식집과 고깃집을 운영하며 꽤 높은 매출을 올렸던 잘나가는 요식업체 사장님이었다. 그랬던 그가 모든 사업을 정리하고 부동산을 시작한 데에는 이유가 있었다. 10년이란 긴 세월 동안 여러 장사를 경험하며 깨달음이 있었기 때문이다. 그가 장사를 하면서 1년 중 가장 높은 매출이 발생했던 시점은 바로 권리금을 받고 점포를 파는 날이었다. 많은 자영업자들이 공감하겠지만 많은 권리금을 받고 점포를 매각하는 날이 사업에서 가장 높은 수익을 거두는 날이다. 그는 결국 힘들고 고달픈 요식업을 버리고 부동산에 뛰어들었다.

이 과장의 오랜 장사 경험은 부동산업을 하면서도 진가를 발휘했다. 그는 상권 분석능력과 입지를 보는 눈이 남들보다 탁월했다. 그래서 다른 직원들에 비해 계약률도 높았고 부동산 재테크도 잘했다. 한 번은 신도시의 분양상가를 계약금 3,600만원에 분양 받아 1년도 안 돼 3,000만원의 프리미엄을 받고 팔았다. 대부분의 선분양상가는

10%의 계약금과 50%의 중도금 그리고 40%의 잔금을 지불한다. 계약금은 자납조건이며, 중도금은 기간별로 납부하고, 잔금은 준공과 동시에 시행사에 납부하게 된다. 보편적으로 시행사는 분양률을 높이기 위해 금융회사와 협력하여 중도금에 대한 대출을 무이자조건으로 선분양을 진행한다. 따라서 준공시까지 계약금만 있으면 따로 자금이 필요하지 않다.

그는 4거리 코너 메인자리에 위치한 선분양상가 중 후면 코너 상가를 4억원의 분양가에서 할인된 가격으로 3억 6,000만원에 분양 받았다(10평, 33㎡). 입지가 더 좋고 넓은 전면부 상가를 분양 받았으면 좋았겠지만 투자금이 너무 많이 들어 접근하지 않았다. 그리고 계약금 10%인 3,600만원만 지불한 후 추가적인 비용은 들어가지 않았다. 이 과장은 혹시 전매가 안 되더라도 자신이 분양받은 상가에서 부동산을 운영해 볼 생각도 가지고 있었기에 큰 부담은 없었다. 그렇게 분양권 상태로 5개월을 보유한 후 그는 부동산중개사무소 운영을 희망하는 매수자에게 분양원가에서 1,000만원 할인해 재매매하는데 성공했다. 3,600만원을 투자해 불과 5개월 만에 3,000만원의 수익을 올린 것이다.

상가는 수익형 부동산이다. 그래서 보통 전매를 위한 투자보다 꾸준한 수익(임대료)을 위한 목적으로 투자를 한다. 그리고 상가는 아파트와 다르게 가격정찰제가 아니어서 할인된 가격이 존재한다. 따라서 흥정만 잘하면 싸게 살 수 있는 것이다. 또한 전매제한기간이 없어 원하면 언제든지 전매를 할 수 있다. 이런 장점을 잘 살려 선택만 제대로 한다면 아파트 분양권 못지않게 높은 수익을 거둘 수 있다.

- 전용면적/분양면적 : 10평/18평(전용률 55%)
- 원 분양가 : 4억원
- 할인 분양가 : 3억 6,000만원
- 계약금 10% 자납 : 3,600만원
- 중도금 50% 무이자대출 : 1억 8,000만원
- 잔금 40% : 준공시 자납
- 건축기간 11개월
- 프리미엄 : 3,000만원(5개월 후 전매)

그렇기 때문에 분양상가는 투자 좀 한다는 부동산업자들의 투자 전유물이기도 하다. 대부분 상가 분양사무실에 없는 물건이 부동산 사무실에 가보면 있는 이유가 부동산업자가 미리 좋은 자리를 선점하여 찍어놓고 프리미엄을 붙여 팔기 때문이다.

부동산과
맞벌이하는
**월급쟁이
부자들**

제3장

꿈을 현실로
바꿔주는
부동산 투자

01 종잣돈이 마련되면 바로 시작하라

#돈으로_돈_버는_사람
#열심히_일해_돈_버는_사람

최근 일본 정부가 직장인들의 부업과 겸업을 허용했다고 한다. 이는 저출산과 고령화에 따른 노동력 부족 해소를 위해 만들어 낸 새로운 정책이다. 이제 일본인들은 직장을 다니면서도 합법적으로 또 다른 직업을 가질 수 있게 되었다. 하지만 그 배경에는 일본의 생산가능인구가 급격하게 줄어들고 있다는 현실이 숨어있다. 국가를 위해 일해 줄 노동자와 일손이 감소하고 있는 것이다. 우리나라도 예외는 아니다. 10년 이상 초저출산이 이어지면서 2020년에는 연간 30만명씩 생산가능인구가 감소할 것으로 예상되고 있다. 그리고 인구가 감소되면 인간의 대체재로 떠오르는 로봇과 컴퓨터가 인간을 대신하게 되고, 그로 인해 수많은 직업과 일자리는 사라질 것이다.

<u>그렇다면 우리는 일자리가 없어져도, 노동력을 제공하지 않아도 우리를 대신해 수익을 창출해 줄 새로운 대체재를 찾아야 한다.</u> 시대를 초월하여 변하지 않는 목돈 마련의 수단, 그것은 노동의 대가가 아닌 부동산을 통한 효과적인 수익창출일 것이다.

자본주의 사회에서 돈을 버는 사람은 크게 자본을 이용해 돈을 버는 사람과 그저 열심히 일해 돈을 모으는 사람으로 구분할 수 있다. 자본을 이용해 돈을 버는 사람은 10억원짜리 건물을 보유하여 연 10% 이상의 수익률을 얻으며 10년을 운영하다 20억원에 되판다. 반대로 열심히 일해 돈을 버는 사람은 하루 12시간 일해 10만원을 손에 쥔다. 실제로 10년을 모아도 집 한 채 장만하기 어려운 게 현실이다.

물론 평범한 직장인들도 돈을 버는 두 가지의 방법이 있다. <u>지금처럼 평생 열심히 일해 돈을 버는 방법과 '새로운 공식'을 인생에 도입해 근로소득 외의 추가소득을 발생시키는 방법이다.</u> 여기서 말하는 '새로운 공식'이란 부동산을 이용해 부동산이 일하게 만드는 것을 말한다. 부동산 투자를 통해 자산을 불리며 일하지 않아도 돈을 벌어주는 시스템을 구축하는 것, 그것은 당신을 위해 개미처럼 일해 줄 일꾼을 만드는 것이나 마찬가지다.

CASE

#투자방법
#어렵지_않다

40대 후반의 J씨는 털털한 성격과 유쾌한 웃음이 인상적이었다. J씨는 주로 토지를 전문으로 매수하여 되파는 투자자인데, 부동산 투자에 대해 이야기를 나누다 그에게 물었다.

"아니, 어떻게 부동산으로 그렇게 많은 돈을 버셨어요?"

"응. 간단해. 그냥 길가에 붙은 땅만 사면 돼!"

아주 간단하고 명쾌한 답이었다. 농담처럼 들리기도 했지만, 분명 울림이 있는 말이었다. 그가 처음으로 시작한 부동산 투자는 길가에 붙은 토지였다. 300평이 좀 안 되는 땅을 지인의 소개로 사들였는데, 그 토지 주변으로 엄청난 호재와 개발계획 그리고 지하철이 생기면서 그는 엄청난 돈을 벌게 되었다. 그 뒤로 그는 길가에 붙은 토지만 매입하여 건물을 짓고, 그 건물을 분양해 많은 자산을 일궜다.

#부자들의_투자방식
#투자타이밍

이처럼 대부분의 부동산 부자들이 투자에 엄청난 지식을 가지고 있는 것은 아니다. 데이터를 이용한 투자방법이나 정부 정책을 분석하는 등 계획적이거나 과학적이지도 않았다. 그들은 아주 단순한 몇 가지 원리와 규칙을 세우고 투자효과를 최대로 끌어 올렸을 뿐이다.

부동산시장은 큰 그래프를 그리며 상승과 하락을 반복하며 순환한다. 우리나라의 경우 1997년 IMF 외환위기와 2008년 금융위기 당시 엄청난 부동산 폭락이 있었지만 이후 경쟁력 있는 입지와 가치 있는 부동산은 회복을 넘어 상승까지 이어졌다. 이처럼 아무리 경제상황이 좋지 않더라도 부동산은 회복했다는 사실을 우리는 피부로 느끼고 경험을 통해 배웠다.

어찌 보면 단순하다고 생각했던 부자들의 투자방식은 하락과 상승이라는 타이밍에서 시작되는 것이기도 하다. 반대로 초보투자자들의 경우 준비성이 너무 투철하다. 투자금은 넉넉히 준비되어 있어야 하고, 완벽한 공부가 뒷받침되어야 하며, 전문가에 의해 검증된 물건이어야 한다. 도대체 어느 세월에 이 모든 걸 충족한단 말인가? 결국 이런 행동은 준비만 하다 투자시기를 놓치게 만드는 일등 공신이 되어 버린다.

나는 시세보다 저렴한 급매물이 있다면 그게 투자타이밍이라고 생각한다. 물론 투자에 앞서 고민은 최대한 신중하게 하고, 결정은 신속하게 내려야 한다. 좋은 물건은 다른 사람이 봐도 끌리기 때문이다. 모든 걸 데이터와 수치만 가지고 투자를 논할 순 없다. 그런 건 재무설계사에게 맡기면 된다.

우선 부동산 투자에 앞서 자신이 투자하려는 지역의 부동산을 직접 방문하여 정보를 듣거나, 해당 지역의 주변 상인들과 친분관계를 맺어 그 지역의 정보를 얻는 것이 가장 중요하다. 한두 차례의 현장 답사가 아닌 수차례 반복해 현장 답사를 한다면 생각지 못한 고급정보들을 알게 되고 진정한 옥석을 가릴 수 있게 된다.

#종잣돈 #2~3천만원
#은행은_동반자

부동산 투자의 방법은 정말 다양하다. 아파트 분양권을 사서 프리미엄을 받고 전매하는 방법, 부동산을 일정 기간 보유한 후 비과세혜택을 받고 되파는 방법, 수익형 부동산을 구입해 임대수익을 얻는 방법 등 다양한 방법들이 있다.

하지만 투자에 앞서 가장 중요한 것은 투자자금의 마련이다. 즉, 종잣돈이 있어야 투자를 할 수 있는 것이다. 결국 종잣돈을 마련하기까지는 꾸준히 돈을 모아야 한다. 하지만 종잣돈이 어느 정도 모이면 은행에 돈을 가둬 두어서는 안 된다. 장기간 은행에 돈이 방치되어 있으면 있을수록 우리는 가난해지기 때문이다.

종잣돈 2~3천만원이면 충분히 부동산 투자를 통해 재산을 불릴 수 있다. 당신이 한 달에 100만원을 벌건, 500만원을 벌건 상관없다. 월급 전부를 저축해도 좋다. 자신의 상황에 맞게 최대한 빨리 모을 수 있는 방법을 총동원해 목돈을 만들어 보자. 그리고 종잣돈이 모였다 싶으면 그 돈에 맞는 소형주택 투자부터 시작하는 것이다. 이때 앞에서도 언급했듯이 소액으로 시작하는 부동산 투자는 은행과 함께 움직여야 한다. 은행은 당신의 부동산을 위해 기꺼이 돈을 빌려줄 것이다. 은행을 잘만 활용한다면 은행은 당신의 동지이자 훌륭한 사업 파트너이다.

나도 처음 2,000만원으로 부동산 투자를 시작했다. 그리고 경매로 싸게 사서 시세에 되파는 작업을 수차례 반복하자 1년 만에 1억원이라는 목돈이 생겼다. 그렇게 급매물과 경매 투자를 수십 번 반복했다. 물론 투자를 반복하면서 성공만 한 것은 아니다. 장기간 돈이 묶이거나 손해를 보고 팔아야 하는 경우도 빈번하게 있었다. 하지만 실패보다 성공하는 투자가 많았고 실패는 나에게 큰 타격이 없었다. 오히려 실패를 통해 경험한 실수들은 나에게 큰 자산이 되었다.

#첫_투자는_성공으로!

부동산 초보자일수록 첫 투자에 심혈을 기울여야 한다. 첫 투자부터 실패한다면 되돌릴 수 없기 때문이다. 하나하나 세세한 부분까지 체크해야 한다. 현장 답사는 기본이고 부동산의 환금성·수익률·미래가치·입지 등 투자 후 만족할 만한 투자가치가 있는지 꼼꼼하게 확인해야 한다. 이때 모든 걸 만족할 수 있는 투자물건을 찾는 것은 결코 쉬운 일이 아니다. 따라서 100%는 아니더라도 단점을 상쇄할 수 있을 정도의 장점과 수익성이 있다면 투자를 고려해 볼 수 있다.

월급쟁이 직장인에게 첫 번째 투자는 정말 중요하다. 첫 투자부터 실패한다면 그 사람은 다시는 부동산 바닥에 발을 들여놓지 않는다. 부동산 투자는 당신의 인생에서 가장 중요한 것이라 생각하고 투자 결정을 내려라. 그럼, 부동산은 당신을 위해 기꺼이 일해 줄 것이다.

―

꿈을 향해 담대하게 나아가라.
그리고 상상대로 살아라.
― 헨리 데이비드 소로

차익거래로 종잣돈을 불려라

#월급 #보릿고개
#돈 #걱정

오늘도 불안함을 느끼며 하루를 보내고 있는가? 지금 당신을 조마조마하고 뒤숭숭하게 만드는 것은 무엇인가? 스스로에게 질문을 던지고 잠시 집중해 보자. 아마 정도의 차이가 있을 뿐 우리의 마음을 불안하게 하는 고민 한두 가지는 떠오를 것이다. 그것이 '돈'일 수도 있고, 가정이나 회사의 문제일 수도 있다.

20대 초반의 월급쟁이 시절, 나의 가장 큰 고민 중 하나는 바로 '돈'이었다. 매달 받는 월급만으로 생활하는 게 너무 빠듯하고 힘들었기 때문이다. 직장인들에게 가장 행복한 월급날, 하지만 급여를 받는다는 기쁨도 잠시 뿐 통장에 구멍이라도 난 듯 돈이 줄줄 새어나갔다. 나는 매번 그랬다. 마치 월급이 바람과 함께 스쳐지나가는 느낌이었다.

한 여론조사에 따르면 대다수의 직장인들이 월급을 받고 2주 후부터 다음 월급날까지 이른바 '월급 보릿고개'를 겪고 있다고 한다.

#중년층 #수익형_부동산
#젊은층 #차익거래 #시세차익

얼마 안 되는 월급을 차곡차곡 저축해 재테크하는 방법으로는 이제 희망이 없다. 월급쟁이 직장인일수록 하루빨리 자신에게 맞는 재테크 수단을 찾아야 한다. 그래서인지 퇴직을 앞둔 많은 직장인들이 수익형 부동산 투자에 관심을 보이고 있다. 수익형 부동산은 퇴사 후에도 안정적이면서 높은 수익을 가져다 주는 제2의 월급통장이나 마찬가지다. 하지만 종잣돈이 없는 젊은 직장인들에게 수익형 부동산 투자는 먼 훗날의 일이자 그림의 떡이다. 그래서 나는 항상 <u>종잣돈이 없는 젊은 직장인 고객들에게 좀 더 공격적인 투자를 통해 연봉보다 높은 수익을 창출하는 시스템을 구축해야 한다</u>고 말한다. 즉, 수익형 부동산으로 소액의 월세를 받는 보수적인 투자보다는 단기간에 높은 수익을 가져다 줄 수 있는 '차익거래' 방법을 선택해야 한다고 말이다.

흔히들 단기차익거래라고 하면 "그거 부동산 투기 아닌가요?"라며 부동산 투기꾼이라는 선입견을 갖기도 한다. 하지만 차익거래를 투자가 아닌 투기라고 생각하면 큰 오산이다. 국가에 정당한 세금을 내고 일정 기간을 보유하다 되팔아 시세차익을 얻는 것에 대해 누가 뭐라고 할 수 있겠는가? 짧게는 3개월에서 길게는 1년이란 기간을 보유하다 연봉만큼의 수익을 거둔다면 꽤 매력적인 투자 아닌가!

#차익거래
#싸게_사서_제값에_판다

차익거래는 부동산을 싸게 매수한 후 시장가격에 매도하여 그 차이를 이익으로 실현하는 것이다. 즉 '매수가격 – 매도가격 = 시세차익'이 되는 셈이다. 차익거래를 시작하려는 초보투자자들은 소형주택 투자부터 접근하는 것이 좋다. 소형주택은 몇 천만원의 종잣돈으로도 투자가 가능하고 환금성이 좋기 때문이다.

'수익형 부동산'의 경우 적게는 5%에서 많게는 9% 정도의 연수익률을 목표로 매입한다. 그러나 '차익거래' 투자는 짧게는 3개월에서 길게는 6개월의 보유기간을 두고 투자하며, 투자금 대비 50%에서 많게는 100%의 수익률을 목표로 투자한다. 단기로 움직이는 만큼 투자금을 빠르게 회전시켜 많은 거래를 경험해 볼 수 있고, 실전 경험을 키울 수 있다는 장점도 있다. 예를 들어 1억원짜리 주택을 자기자본 2,000만원을 투자하고 8,000만원의 대출을 받아 구입한 후 1억 2,000만원에 되팔면 단기간에 100%의 자본이득을 얻는 것이다.

그럼, 시세보다 저렴한 물건은 어떻게 찾을 수 있을까? 대부분의 전문투자자들은 경매나 급매를 통해 마땅한 물건을 물색하고 투자계획을 세운다. 1억원짜리 집을 8,000만원이나 9,000만원에 사겠다는 게 급매 또는 경매 투자의 기본이다. 다만, 이때 대출금리 인상 또는 시장 변수로 인해 장기보유를 하게 될 경우 생각했던 것보다 기대수익률은 낮아질 수 있다.

단언할 수는 없지만 앞으로 시세차익 투자, 즉 '차익거래'를 시도하기에 더욱 좋은 투자환경이 다가오고 있다. 전세 품귀현상이 생기면서 월세는 오르고 금리는 낮아지고 있어 차라리 비싼 월세를 주고 남의 집에 사느니 월세보다 싼 대출이자를 지급하고 내 집 마련을 하는 것이 유리하다고 생각하는 수요자들이 늘고 있기 때문이다. 따라서 우리는 이러한 수요자들에게 시세보다 싸게 매입한 부동산을 시세에 되파는 '중간생산자'가 되어주면 된다.

#소형주택_투자
#차익거래 #종잣돈   소형주택 투자는 내가 처음 부동산에 입문했을 당시에도 그랬고, 현재도 인기 있는 투자처이자 초보투자자들도 부담 없이 접근할 수 있는 매력적인 재테크수단이다. 나도 만약 첫 투자부터 차익거래 투자가 아닌 묻히기 방식으로 수익형 부동산에 투자를 했다면 많은 투자를 경험해 보지 못했을 뿐만 아니라 한 번의 투자로 투자금이 묶여 하나의 수익형 부동산에만 안주하게 되었을 것이다. 그러나 나는 초짜시절 2,000만원이라는 투자금으로 소형아파트부터 빌라·단독주택을 급매와 경매를 통해 매입하여 단기

간에 되파는 방식으로 2억원이라는 목돈을 마련할 수 있었다.

젊은 직장인이라면 수익형 부동산에 안주하기보다는 시세차익을 볼 수 있는 차익거래 투자를 통해 종잣돈을 불려보길 바란다. 부동산 투자는 지속적으로 이어져야 한다. 한 번의 투자로 대박이 날 수 없듯이 지속적인 투자만이 성공의 기회를 가져다 준다. 결국 많은 부동산을 사고팔다 보면 부동산을 보는 안목과 시야가 넓어지게 되고, 많은 부동산을 접하다 보면 큰 수익도 실현할 수 있게 된다. 그렇게 '종잣돈'의 규모를 키워가다 보면 마지막 투자처로 안정적인 수익이 나오는 통 상가나 빌딩을 소유할 수 있게 되는 것이다.

#투자시기 #차익거래
#환금성 #수익성

부동산 투자는 시기도 중요하다. '부동산시장 주기'(하향·회복·상승·후퇴) 중에서도 회복과 상승하는 시점에 시장에 진입한다면 높은 수익률을 얻을 수 있다. 주로 혁신기업도시나 신도시·행정도시로 지정되어 급속도로 발전하는 지역이거나 낙후된 지역이 재개발·재건축으로 인해 시장상황이 좋아지는 지역에서 높은 시세차익을 실현할 수 있다.

우선 시세차익을 보기 위해서는 부동산의 환금성이 좋아야 한다. 거래가 잘 이루어지는 부동산을 보고 환금성이 좋다고 말하는데, 환금성이 좋은 부동산일수록 수요자들에게 인기가 많고 수익성도 좋다. 수익성이 높고 환금성이 좋은 물건은 투자 수요자들이 선호하는 부동산이기 때문에 자연스럽게 부동산 가격이 상승하고, 이런 물건일수록 시세차익을 얻기 좋다. 시세차익을 얻기 위한 루트는 다양하다. '경매' 투자일 수도 있고, '급매' 투자일 수도 있고, '분양권' 투자가 될 수도 있다. 이처럼 다양한 상품들 중에서 시장상황과 자신에게 맞는 방법을 찾아 시작하면 된다.

부동산시장에는 하루가 멀다 하고 좋은 물건들이 쏟아져 나온다. 부동산으로 돈을 벌고 싶다면 퇴근 후 친구들과 술 한 잔, 주말의 늦잠, 비생산적인 모임 등을 피해야 한다. 그 시간에 자신이 가지고 있는 소자본으로 투자할 수 있는 부동산을 연구하고 투자처를 발굴해 나가는 작업을 해야 한다. 소액으로도 투자할 수 있는 부동산은 분명 존재한다. 당신이 찾지 못하고 있을 뿐이다.

―

사람들이 제대로 알고 했더라면
더 잘했을 것이다.
― 짐 론

자신에게 맞는 투자방법을 찾아라

#사축인생 #야근
#직장생활은_힘들어

'사축'이란 '회사에서 기르는 가축'이라는 의미로, 회사의 가축처럼 일하는 직장인이라는 뜻의 신조어다. 일본의 온라인 커뮤니티를 통해 생겨난 이 단어는 가정이나 사생활도 없이 회사 일에 매진하는 직장인들을 '축사에서 키우는 가축'으로 비유해 조롱하는 말로 쓰인다.

이처럼 팍팍한 현대사회를 살아가는 직장인들의 하루는 너무나 고단하다. 시간과 열정을 다해 땀 흘려 일하고 야근에 시달리며 자기 생활도 없이 시간과 맞바꾼 대가는 얼마 안 되는 월급과 야근수당이 전부다. 요즘 같이 경기가 좋지 않고 회사가 어려운 상황에서는 야근수당마저도 제대로 청구하지 못한다. 야근이 마치 당연한 듯한 분위기로 흘러가는 회사에서 '칼퇴근'은 개인사업을 하며 사장 소리를 듣는 친구들이나 하는 여유로운 일상처럼 느껴진다. 최근 세계보건기구 산하의 국제암연구소에서는 '야근'을 살충제 성분 중 하나인 DDT와 같은 2급 발암물질로 규정하기도 했다. 정말 재미있는 결과이다.

하루하루 회사에서 생존하기 위해 발버둥을 쳐보지만 변하는 건 크게 없다. 그렇게 무료하고 변함없는 일상은 심신의 쇠퇴를 가속시키며, 삶을 무기력하게 만들어 버린다. 이렇듯 '익숙함과 편안함'은 우리들을 현실에 안주하게 만들며, 우리의 '열정과 꿈'을 갉아 먹는다.

CASE #과감하게_퇴사
#50차례 #경매 #입찰

직장인 A씨는 대학을 졸업하고 몇 해 동안 여기저기 회사를 옮겨 다니며 계약직으로 근무를 하다 금융회사에 정직원으로 입사하게 되었다. 평생직장이라는 생각으로 진급을 꿈꾸며 열심히 일했다. 나름 어렵게 들어간 회사라 직업에 자부심도 느끼고 있었다. 하지만 2년 정도가 지난 후 A씨는 퇴사를 심각하게 고민하게 되었다. 이유는 함께 근무하던 10년차 과장님과 상사 분들이 구조조정으로 인해 지방으로 발령을 받거나 명예퇴직을 당하는 모습을 보게 되면서부터이다. 회사는 나의 미래를 보장해 주지 않고, 인생을 책임져 주지 않는다는 것을 깨닫게 된 것이다. 이제 갓 신입사원 딱지를 떼고 안정적인 회사생활을 하던 A씨는 더 이상 회사에 미래가 없다고 생각하니 자신의 일에 자부심을 느끼지 못하고 절망

감에 빠져들었다. 회사가 나를 위해 존재한다고 생각했지만 회사를 위해 내가 존재할 뿐이었다.

결국 A씨는 과감하게 '퇴사'를 결정하고, 부동산 투자에 과감히 '도전'했다. 직장생활 2년 동안 모은 종잣돈으로 부동산 투자를 시작한 것이다. 주변에서는 매달 들어오는 정기적인 소득 없이 부동산 투자는 무리라며 만류했지만 그는 나와의 상담을 통해 부동산 투자에 대한 신념과 확신을 키워 나갔다. 워낙 긍정적이고 적극적이었던 A씨는 투자에 대한 자신감이 넘쳤다.

우리의 첫 번째 목표는 부동산 공부를 하며 투자를 병행하는 것이며, 적성에 맞는 또 다른 직장을 구하기 전까지 하나의 부동산 투자를 성공시키는 것이었다. 나는 소액으로 부동산 투자를 하기 위한 첫 번째 도구로 '경매' 투자를 권했다. 하지만 A씨는 좀 더 안정적인 투자를 원했다.

"제가 초보라서 안전한 것부터 투자하고 싶은데…. 경매 투자가 맞는 걸까요?"

하지만 나의 생각은 A씨와 달랐다. 경매야말로 부동산시장의 '룰'을 이해하기에 가장 적합한 투자처이기 때문이다. 더욱이 A씨처럼 시간적 여유가 있는 투자자들이 부동산을 빠르게 익히기에는 경매만한 게 없다. 당시 A씨는 퇴사 후 온전히 부동산 투자에만 시간을 쏟을 수 있는 상황이었다.

꼬박 1년이란 기간 동안 원없이 경매물건의 현장 답사를 하고 수차례 경매 입찰에 들어갔다. 부동산 물건에 대한 기본적인 권리분석이나 부동산을 보는 방법은 나와 함께 스터디를 하며 익혀갔다. 하루

한 시간씩 경매정보사이트에 접속해 물건 정보를 눈에 익히도록 했고, 그중에서 자기자본으로 입찰이 가능한 물건 하나를 선택해 등기사항증명서를 발급받아 권리관계 여부를 확인한 후 현장 답사를 보냈다. 그렇게 해서 A씨는 1년이란 기간 동안 총 50건의 경매 입찰을 했고, 총 3건의 아파트를 낙찰 받았다. 그리고 세 번째 낙찰 받은 아파트를 통해 5,000만원의 양도차익도 남겼다. 지금도 A씨와 나는 월세 받는 수익형 부동산을 찾기 위해 노력 중이다.

CASE
#1년마다_이사하는_남자
#직장_주변 #아파트_투자

직장인 P씨는 1년에 한 번씩 이사를 다닌다. 부유하지 못한 집에서 어렵게 지방대를 졸업하고 서울에서 직장생활을 하는 그는 직장 근처 월셋방에서 자취를 하고 있지만, 미래의 부동산 부자를 꿈꾸는 청년이다.

P씨의 투자방식은 독특했다. 월세살이를 하며 모은 종잣돈으로 회사 근처의 아파트에 투자를 하는 방법인데, 투자한 아파트에 직접 거주를 하다 어느 정도 시세가 상승하면 다시 되파는 방법이었다. 되파는 시점에는 다시 저렴한 원룸 월셋방을 얻어 생활했다. 나는 그렇게까지 힘들게 이사를 다니며 투자를 하는 게 힘들지 않냐고 물었다.

"저는 주택을 주거를 위한 공간이 아니라 재테크를 위한 공간으로 생각해요. 부동산으로 돈만 벌수 있다면 1년에 열 번이라도 이사할 수 있습니다."

남들은 한심하게 생각할 수 있겠지만 그는 자신만의 명확한 재테크 방법을 실천하고 있었다. 그는 자신이 다니는 직장을 단지 부동산 투자를 위한 하나의 부업 정도로만 여기고 있었다. 그만큼 그는 부동산 투자에 대한 열정이 대단했다.

그는 몇 해 동안 편안한 거처 없이 이사를 다니며 노력한 결과 현재 서울에만 아파트 3채를 보유하고 있다. 그리고 이제는 더 이상 이사 걱정 없이 부동산 투자를 하며 여유롭게 살아가고 있다.

<u>이제 주택을 단순한 주거나 휴식을 위한 공간으로 생각하기보다 재테크를 위한 하나의 도구로서 생각해 보는 건 어떨까? 주택으로 추가적인 소득을 벌어들일 수 있다면 직장으로부터 좀 더 자유로워질 수 있다.</u> 당신이 원할 땐 언제든지 되팔 수 있고, 당신이 샀던 가격보다 더 높은 금액을 받고 팔 수 있는 그런 주택이 아직 우리 주변에 많다.

당신을 한 가지 일에 머무르게 하지 않고 인생을 즐길 수 있게 해주는 부동산을 찾아 도전해 보자. 월급쟁이 직장인! 당신도 충분히 해낼 수 있다.

도전은 인생을 흥미롭게 만들며,
도전의 극복이 인생을 의미 있게 한다.
— 조슈아 J. 마린

은행을 사업 파트너로 만들어라

#은행 #금리 #기회비용
#투자수익 #돈

이제 '금융'은 현대인의 생활에서 떼려야 뗄 수 없는 관계가 되었다. 우리들의 돈 대부분은 은행에서 안전하게 관리되며, 거래가 필요할 땐 언제든지 스마트폰만으로도 신속한 거래가 가능하도록 편리한 서비스가 제공되고 있다. 따라서 이제는 필수적으로 금융의 이해와 지식의 근육을 키워 나가야 한다. 당신이 금융으로 인해 윤택하고 행복한 삶을 살 것인지 아니면 금융으로 인해 위험하고 쫓기는 삶을 살아갈 것인지는 당신의 선택에 달렸다. 돈이 돈을 벌어주는 시대, 돈이 우리를 위해 일하게 해야 한다.

 은행 저축만으로는 평생 모아도 큰 부자가 될 수 없다는 건 이제 초등학생들도 알고 있다. 물론 저축이 필요없다는 말은 아니다. 돈의 기회비용을 높여주자는 것이다. 예를 들어보자. 은행에 현금을 예치했을 때 이자율이 1%이고, 수익형 부동산 투자로 얻어지는 수익률이 6%라면 은행에 돈을 예치함으로써 5%의 기회비용이 발생하는 것이다. 물론 저축은 가까운 은행 창구에서 단 5분 만에 가능하지만, 부동산으로 수익을 얻기 위해서는 그만큼의 시간과 노력이 필요하다. 당신이라면 어떤 선택을 하겠는가?

우리는 돈을 활용하는 방법을 배워야 한다. 돈을 굴리지 않고 은행에 저축만 한다면 결국엔 은행의 배만 불리는 결과를 낳을 뿐이다.

#투자 #돈의_가치
#시간과_돈 #복리의_법칙

'흐르는 물은 썩지 않고, 구르는 돌에는 이끼가 끼지 않는다'는 말처럼 투자를 해야 돈의 가치가 더욱 불어난다. 이제 무작정 돈을 지키려고만 하지 말고 합리적으로 운용해 더 큰 자산을 만들기 위해 고민해 볼 때이다.

돈을 불리고자 하면 먼저 '자본주의의 틀'과 '세상의 틀'을 이해해야 한다. 먹고 자고 생활하기 위해 돈을 벌어야 하는 건 자본주의가 만든 규칙이다. 하루 10시간 이상 근무하고 정해진 급여를 받으며 주말에 쉬는 것은 세상이 만들어 놓은 공식이다. 그렇다면 자본주의가 만들어 놓은 정형화된 '틀'을 깨는 것부터 시작해야 한다. ==하루빨리 자본주의를 깨닫고 자본주의를 우리에게 적응시켜야 한다.== 더 이상 시간과 싸우며 부자가 되겠다는 생각을 버리고 '돈'을 이용해 10년이란 시간을 1년으로 단축시키는 지혜를 키워 부자가 되는 추월차선에 올라타야 한다.

그리고 또 돈을 불리고자 한다면 '시간과 돈의 비례'에 대해 알아야 한다. 평범한 회사에 다니며 자신의 시간과 노동을 회사에 제공한 만큼 금전적인 대가를 받는다면 분명 당신에게 '시간과 돈은 비례'한다. 그러나 이런 생각은 부자들에게는 가장 위험한 발상이다. 부자들에게 '시간과 돈은 반비례'한다. 부자들은 철저하게 '복리의 법칙'을 믿고 돈이 돈을 벌어들인다는 것을 알고 있다. 원금에 대해 연 10% 이자가 발생하는 원리금수취채권을 가지고 있다면 매년 이자에 이자가 붙으면서 시간이 장기화될수록 엄청난 복리효과를 볼 수 있게 된다. 일명 '스노우볼법칙'이라고도 하는데, 산 정상에서 작은 눈덩이를 굴리면 그 눈덩이가 아래로 내려갈수록 기하급수적으로 커지는 현상과 일맥상통한다. 부자들은 누구보다 복리의 법칙을 잘 이해하고 활용한다.

#은행_대출
#고수의_활용법

금융기관들은 언제든지 부동산을 담보로 당신에게 대출을 해줄 의향을 가지고 있다. 따라서 부동산을 통해 돈을 벌기 위해서는 은행, 크라우드펀딩회사, 보험회사, 신용금고 등의 대출레버리지를 이용해 거대한 부동산 덩어리를 소유해야 하는 것이다.

그러나 '빚을 진다'라는 두려움에 대출을 불편해 하거나 꺼려 하는 사람들이 많다. 실제로 우리 주변에는 1억원의 부동산을 사려면 1억원의 내 돈이 있어야 한다는 고지식한 생각을 가지고 있는 사람들이 많다. 전문가들은 이런 사람들을 보고 '하수'라고 한다. 부동산 투자의 '고수'들은 대출을 이용해 은행이자와 중도상환수수료 및 기타 세금, 부대비용을 제하고도 수익이 난다고 판단되면 투자를 결정한다. 즉 1,000만원의 자기자본을 가지고 은행을 이용해 1억원의 수익형 부동산을 매수해 수익을 만들어 낸다. 이처럼 적은 투자금으로 '은행'을 이용할 줄 아는 사람이 진정한 '고수'인 것이다.

은행은 불특정다수의 사람들에게 예금을 받는다. 그 예금으로 은행은 또 다른 사람들에게 대출을 해줘 수익을 챙긴다. 미국 하버드대학의 경제학과 교수 제프리 마이론은 한 인터뷰에서 이렇게 말했다.

"당신의 예금액 대부분은 은행에 존재하지 않습니다. 다 대출되었죠. 은행에 두는 지급비율은 통상 10% 정도입니다. 당신이 1,000달러를 은행에 예금한다면 100달러는 은행에 보관되고 나머지 900달러는 주택대출, 자동차대출, 기업대출 등으로 대출되어 나가는 것이죠."

이처럼 은행 예금의 대부분은 대출로 나간다. 많은 사람들이 대출을 필요로 한다는 이유이기도 하다. 이제 우리는 은행에 예금된 돈이 우리를 거쳐가게 해야 한다. 물론 많은 자산을 보유하고 있다면 굳이 은행 돈을 빌려가며 높은 이자와 수수료를 지불할 필요는 없을 것이다. 그러나 일반 직장인들의 경우 부동산이란 값비싼 재화를 사들이기 위해서는 많은 자금이 필요하다. 그렇기 때문에 은행을 이용할 수밖에 없다.

#부동산 #대출레버리지
#분산투자 #시세차익

'은행 대출은 불길한 것'이라고 생각하는 A가 은행 대출 없이 1억원을 수익형 부동산에 투자한다고 가정해 보자(보증금 500만원, 월 50만원에 월세를 주었다).

매매가	1억원
대출	0원
월세 보증금	500만원
실투자금	자기자본 1억원 − 보증금 수령 500만원 = 9,500만원
(연) 월세 수입	600만원
(연) 대출이자	0원
(연) 순수익	600만원
수익률(세전)	연 순수익 600만원 / 실투자금 9,500만원 × 100 = 6.3%

은행 대출을 꺼려 하는 A가 1억원을 수익형 부동산에 투자한 결과 수익률은 연 6.3%이다(A는 1억원을 투자해 1년에 600만원의 수익을 얻었다).

B라는 월급쟁이 직장인이 1,000만원의 적금을 해약하여 1억원짜리 수익형 부동산에 투자를 한다(주거래은행에서 70%의 대출을 받았다. 보증금 2,000만원, 월 30만원에 반전세를 주었다)

매매가	1억원
대출	7,000만원
월세 보증금	2,000만원
실투자금	1,000만원
(연) 월세 수입	360만원
(연) 대출이자 3%	210만원
(연) 순수익	150만원
수익률(세전)	연 순수익 150만원 / 실투자금 1,000만원 × 100 = 15%

부동산 투자 전문가 C가 1억원의 돈을 가지고 위의 B와 같이 분산투자를 한다고 가정해 보자. 그럼 C는 10채의 수익형 부동산에 투자할 수 있고, A의 600만원(6%)보다 두 배 이상 더 높은 1,500만원(15%)의 수익을 보게 된다.

요즘 같은 저금리시대에 은행에 1억원을 넣어봐야 연 이자 150만원(세전) 정도가 전부이지만 1억원으로 '부동산'과 '은행'을 이용하여 10채의 수익형 부동산에 분산투자를 한 결과 C씨는 1,500만원(15%)이라는 엄청난 수익을 올리게 된다. 비단 그것뿐만이 아니다. C씨는 여러 부동산에 분산투자하여 가치하락에 따른 위험을 분산시킬 수 있으며, 10채의 부동산 중에서 시세가 상승하는 부동산으로 인해 높은 시세차익도 노려볼 수 있다. 이처럼 수익형 부동산에 분산투자한다면 시세차익은 보너스와 같은 깜짝 선물이 되기도 한다. 물론 이러한 경우는 아주 성공적인 투자를 가정해서 설명한 것이지만 당신도 조금만 노력하면 분명히 C씨처럼 놀라운 수익구조를 만들어 낼 수 있다.

#은행 #투자_파트너
#대출레버리지

여기서 초보투자자들이 알아야 할 몇 가지가 있다.

첫째, 부동산 투자에서 자기자본의 비중을 높이지 말라는 것이다. 돈이 묶이면 더 좋은 투자물건이 나타나도 투자기회를 놓쳐버리기 때문이다.

둘째, 자신이 잘 아는 지역의 투자물건을 천천히 보면서 시간의 간격을 두고 투자해야 한다.

셋째, 하나의 투자가 완성되어 수익구조가 만들어지면 또 다른 물건을 찾을 때까지는 시간적 여유를 가져야 한다.

부동산 투자는 절대 무리수를 두고 투자하거나 서두르면 안 된다. 대출을 감당할 수 있는 범위에서 금융을 잘만 활용하면 은행은 당신의 파트너가 되어 주겠지만 무리한 대출로 이자를 감당하지 못하게 된다면 은행은 당신을 지구 끝까지 쫓아가 돈을 받아내는 악덕 채권자가 될 수 있기 때문이다. 〈톰 소여의 모험〉의 저자인 마크 트웨인은 은행을 비유하며 이렇게 말했다.

"은행은 맑은 날에는 우산을 빌려줬다가 비가 오면 우산을 걷는다."

아주 적절한 표현이지 않은가? 나 역시 부동산 투자를 하기 전까지는 은행을 좋아하지 않았다. 하지만 지금 은행은 나의 멋진 사업 파트너이다. 아마도 은행이 없었다면 부동산으로 많은 자산을 축적하지 못했을 것이다.

나에게 충분한 지렛대를 준다면,
지구도 들 수 있다.
— 아르키메데스

돈이 모이는 곳으로 가라

#나만의_무기
#부동산_투자 #경제적_자유 인생을 살아가면서 자신만의 '특기'가 없다는 것은 매우 위험한 일이다. 마찬가지로 '평범'하다는 말은 결핍과도 같다. 대한민국 어느 직장 한 귀퉁이 책상에 앉아 감흥도 없는 일을 매일매일 반복하며 묵묵히 살아가는 인생, 나는 그것을 '평범함'이라고 말하고 싶다. 하지만 누군가는 평범함을 감사해하고, 불행보다 다행이라고 생각하기도 한다. 때로는 평범한 삶이 우리에게 안정감을 주기 때문이다. 하지만 평범함이 행복하지 않고 불행하다는 생각이 밀려온다면 그때가 바로 자신만의 '특기'를 만들어야 할 때라고 생각한다.

지극히 평범한 직장인이라도 자신이 어떻게 노력하느냐에 따라 한 가지 분야에 통달할 수 있는 능력을 가질 수 있다. 그 한 가지가 그 사람을 스페셜(Special)하게 만들어 주며, 많은 돈도 벌게 해준다. 즉, 자신만의 특별한 인생의 무기(재테크)를 만드는 것이야 말로 잠든 인생에서 깨어날 수 있는 가장 빠른 방법이다. 미국의 유명 작가 로버트 하인라인은 이렇게 말했다.

> "명확히 설정된 목표가 없으면,
> 우리는 사소한 일상을 충실히 살다
> 결국 그 일상의 노예가 되고 만다."

남들과 다른 당신만의 우월한 강점, 그것이 우리의 삶을 보다 행복하게 만들어 준다. 나의 강점은 부동산을 이용할 줄 안다는 것이었다. 나는 부동산을 통해 경제적 자유를 얻었고 행복한 삶을 살아가고 있다. 나는 직장을 다닐 때도 부동산 투자를 했었다. 매달 받는 급여만으로는 내 인생을 스페셜하게 만들 수 없다는 걸 알고 있었기 때문이다. 인생을 스페셜하게 만들고 부자가 되기 위해서는 새로운 선택을 해야만 한다.

#돈을_벌려면_돈을_따라가라
#돈이_모이는_곳으로_가라

멘토인 빌딩부자 E씨와 저녁식사를 함께했다. 그를 만나면 바닥까지 내려가 있던 긍정의 주파수가 높아진다. 나는 성공한 사람들의 마인드와 그들의 에너지가 좋다. 그들과 만나면 새로운 에너지가 생기고 그들의 생각과 눈높이에 맞춰 주파수가 높아지기 때문이다. E씨에게 소득을 두 배로 늘리는 방법에 대해 질문했다가 깜짝 놀랄 답을 들었다.

"돈을 벌려면 돈을 따라가라!"

대부분 성공한 사람들은 돈보다 명예를 또는 사람을 따라가라고 말하는데, E씨는 나에게 돈을 쫓으라고 말하는 것이었다. 문득 이런 생각이 들었다. '도대체 돈을 어떻게 따라가라는 거지?' 고개를 갸우뚱거렸다. 그 말은, 즉 '돈이 모이는 곳으로 가야 된다'는 말이었다. 돈의 물줄기가 끊이지 않고 지속적으로 순환되는 곳에 자리를 잡고 흐름을 타라는 뜻이었다.

#돈의_흐름 #부동산_임대사업
#할_수_있다는_자신감 #멘토와_함께

일반인들이 돈의 흐름을 타기는 쉽지 않다. 돈의 흐름을 타려면 주식 투자를 하거나 사업을 하거나 부동산 투자를 해야 한다. 하지만 일반 직장인이 사업을 하는 것도 쉽지 않고, 주식으로 돈을 버는 것도 쉽지 않다. 그래서 나는 세상에서 가장 쉬운 '부동산 임대사업'을 하라고 권하고 싶다. 복잡하지 않은 사업구조이며 안정적으로 돈을 벌 수 있는 건 부동산 임대사업만한 게 없기 때문이다.

임대사업은 우리를 자유롭게 만들어 준다. 나의 시간은 임대소득으로부터 분리되어 있기 때문에 직장생활을 하고 인생을 즐기면서 한 달에 한 번 통장 잔고를 확인하면 된다. 부동산 임대사업의 시스템은 인력이 필요하지도 않고, 창의적인 아이디어나 지속적으로 경쟁을 하지 않아도 된다. 단지 한 번의 투자만 성공시킨다면 내가 원할 때까지 나를 안정적으로 만들어 준다. 이만한 사업이 세상 어디에 있겠는가?

우리는 부동산으로 돈을 벌기 위한 '임대시스템'을 구축할 수 있는 방법만 배우면 된다. 자신이 가지고 있는 자본으로 부동산을 소유하고 그 부동산에 적당한 세입자를 임차시켜 매달 사용료를 받는 단순한 방법 말이다. 그러면 세입자는 당신이 소유하고 있는 건물을 사용하고 머무는 시간만큼의 돈을 지불하며 당신의 부동산을 대신하여 관리해 준다.

임대 부동산은 빌라, 오피스텔, 아파트, 상업시설, 빌딩, 땅까지 다양하다. 평소 관심을 가지고 있는 부동산이나 자신이 지불할 수 있는 자본의 한도 내에서 투자를 하면 된다. 다만, 부동산을 구입하기에 앞서 구입 경로를 다각도로 생각해 봐야 한다. 경매·공매·급매·할인분양 등 열심히 발품을 판다면 시세보다 할인하여 부동산을 매수할 수 있다. 게다가 대부분의 수익형 부동산은 가치가 상승하거나 가치를 상승시킬 수 있는 자산이다. 용도변경이나 새 단장을 통해 더 많은 수익을 챙길 수 있다.

그러나 가끔 "이제 부동산은 끝났어"라고 말하는 비관적인 사람들이 있다. 물론 부동산 투자는 한 번의 제대로 된 투자로 성공할 수도, 망할 수도 있다. 그러나 시도조차 해보지 않는다면 성공확률은 0%

다. 우리의 주변에는 많은 멘토들이 있다. 부동산 전문가, 임대사업을 하고 있는 선후배, 부동산 교육기관 등 한 발 앞서 부동산 임대사업에 진입한 사람들을 찾아가 자문을 구하고 간접경험을 통해 부동산을 보는 안목을 키우면 된다. 직장 일이 바빠도 의지만 있다면 부동산 투자는 절대 어려운 게 아니다. 임대사업을 하기 위한 시스템 구축만 제대로 배우면 된다.

나는 이 책을 집필하면서도 활발하게 부동산 투자를 하고 있다. 이 책을 읽고 있는 당신도 부동산 투자에 대해 많은 관심을 가지고 있는 게 분명하다. 그리고 이 책이 부동산 투자에 대한 이야기를 많이 다루지 않고 있는 것에 대한 불만을 가질 수도 있다. 하지만 나는 이 책을 통해 당신을 부동산 전문가로 만들 수도 없고, 그럴 생각도 없다.

이 책은 부동산 투자를 위한 전문서적도 아닐 뿐더러 책을 보면서 투자를 배운다는 것은 실질적으로 한계가 있기 때문이다. 다만, **나는 책을 통해 당신도 해낼 수 있다는 동기부여와 자극, 자신감을 심어주고 당신에게 희망을 주고 싶을 뿐이다.** 나라는 사람도 해냈는데 당신이 못할 게 뭐 있겠는가? 방향은 당신이 결정하면 된다. 주식이건 사업이건 부동산이건 간에 자신이 가장 잘할 수 있는 것으로 선택해 경제적 자유를 얻기 위해 노력하라.

당신이 더 이상 위험을 무릅쓰지 않는다면
이야기는 끝난 것이다.

- 올리버 스톤

06 현장에 답이 있다. 지금 당장 실천하자

#실천하는_재테크
#현장_답사 #임장활동

나에게 1:1 투자 상담을 받으러 오는 분들은 대부분 부동산 투자를 경험해 보지 않은 분들이다. 그러나 그들과 상담을 해보면 부동산에 대해 엄청난 관심과 많은 지식을 가지고 있다. 직장생활을 하며 경매학원에 다니고, 부동산 관련 강의와 각종 세미나에 참석해 공부를 하는 사람들이다. 우스갯소리로 지식과 공부의 양만 본다면 벌써 강남에 상가 몇 채는 살 수 있을 정도의 수준이다. 하지만 머리로 공부한 지식은 많지만 실제 투자 경험이 없기 때문에 불안한 마음에 상담을 요청하거나 코칭을 받는 것이다.

이처럼 무언가를 얻기 위해 상담을 받을 정도면 양반이다. 공부에만 그치는 '공부 재테크'를 하는 사람들이 허다 하기 때문이다. 이제 공부만 하는 재테크가 아닌 실천하는 재테크를 해야 한다.

　TV 채널을 돌리다 홈쇼핑 방송이 나올 때 멈춘 적이 있을 것이다. 쇼호스트의 현란한 말솜씨에 채널이 고정되는 것이다. 그들은 머리부터 발끝까지 깔끔하게 차려입고 똑 부러지는 말투로 멘트를 날린다.

"지금 바로 전화하세요."

"이제 곧 마감됩니다."

"잠깐만요, 이게 다가 아닙니다."

　그리고 결국 TV 앞에 있던 주부들은 신용카드 번호를 불러주게 된다. 하지만 나는 홈쇼핑 방송을 보고 물건을 산 적이 없다. 무엇을 구매할 때에는 반드시 그 물건을 직접 보고 사는 성격이다. 특히 부동산 투자를 함에 있어서는 절대적이다. 부동산은 가장 값비싼 소비재이자 하나의 자산이기 때문이다.

　나는 부동산을 매수하기 전 해당 물건지를 방문해 하나하나 꼼꼼히 체크하며, 하나의 부동산 물건에 투자하기까지 그 물건지를 수십 번도 더 찾아간다. 그뿐 아니라 투자하려는 현장에 머물면서 주변 환경을 살펴보고, 오랫동안 그곳에 터를 잡고 사는 원주민들에게 많은 정보도 얻는다. 주변 세탁소, 미용실, 식당 할 거 없이 여기저기 들어가 그 지역의 정보나 상황을 현지인들을 통해 입수하는 것이다. 그러다 보면 그 지역의 고급정보도 얻게 된다. 이렇게 ==부동산 투자에 앞서 불안한 마음을 없애고 '확신'을 갖기 위해서는 현장에 자주 들러 그 물건을 오감으로 느껴야만 한다.==

　권리상의 하자를 파악하는 것은 등기사항증명서나 건축물대장 등 종이 몇 장만 봐도 알 수 있지만 세세한 부분을 알기 위해서는 현장에 나가봐야 한다. 투자의 승패는 발품 전략과 현장에 달려있다고 해도 과언이 아니기 때문이다.

#전문가 #멘토
#실패의_지혜를_배워라

"똑똑한 사람은 실패로부터 배우고, 현명한 사람은 다른 사람의 실패로부터 배운다."

어떤 책에서 읽은 글인데, 나 역시 10년 동안 중개업과 투자를 하면서 실패로부터 많은 지식과 지혜를 얻었다. 경매로 실패를 해봤고, 재개발지역에 땅 투자를 잘못해 엄청난 손해를 본 적도 있으며, 잘못된 사업으로 일순간 모든 재산을 잃어 본 적도 있다. 빠르게 많은 돈을 벌려고 욕심을 부리면 부릴수록 어김없이 실패라는 벌이 기다리고 있었다. 하지만 이런 실패와 실수를 거듭하면 할수록 나는 점점 더 현명해지고 지혜로워지는 걸 느꼈다. 결국 많은 실패의 경험으로 더 큰 실패를 하지 않게 되었다.

부동산 투자와 관련된 '지식'은 세상에 넘쳐난다. 인터넷만 뒤져봐도 수많은 부동산 정보를 얻을 수 있다. 하지만 인터넷과 책을 통해 '지식'을 얻을 수는 있겠지만 '지혜'를 얻기에는 한계가 있다. 전문가에게 비싼 수업료를 지불하고 부동산 투자 관련 강의를 듣거나, 1:1 컨설팅을 받는 이유도 그들의 지식이 아닌 그들이 실패로부터 터득한 투자노하우와 지혜를 배우기 위함일 것이다. 이처럼 지식은 돈으로 살 수 있지만 지혜는 돈보다도 더 큰 가치를 지닌다.

#언젠가 #오늘
#실행력 #기회

나의 주변에는 부동산 투자로 큰돈을 번 사람들이 많다. 그들은 아주 지혜롭고 현명한 사람들이다. 그들에게는 한 가지 비슷한 공통분모가 있는데, 바로 '언젠가'를 '오늘'로 만드는 실행력이다.

"언젠가 돈이 생기면…"
"적금이 만기가 되면…"
"보너스를 받으면…"
"차를 사고 난 후에…"
"여유자금이 생기면…"
"언젠가 기회가 생기면 반드시 부동산 투자를 할 거야!"

이렇게 말하는 사람들에게 기회와 행운은 찾아오지 않는다. 부동산 투자로 돈을 번 많은 사람들 대부분은 부동산 투자의 '기회'가 찾아왔을 때 내일로 미루지 않고 '오늘' 바로 실행했다. 없는 돈을 만들어서라도 투자를 해 투자금 대비 100%의 수익률을 거둔다. 그들은 돈이 많아서 부동산 투자를 하는 게 아니다. 각자 가지고 있는 투자금에 맞는 부동산 물건을 찾아서 투자를 감행하는 것이다. 나 역시 아끼던 자동차를 팔아 마련한 종잣돈 2,000만원으로 파트너인 은행의 도움을 받아 부동산 투자의 기회를 잡았다. 부동산 투자의 기회는 당신의 도처에 널려 있다. 당신은 그 기회를 잘 낚아채기만 하면 된다.

세상의 수많은 성공한 사업가들도 학창시절 학업을 포기하고서라도 기회를 포착했을 때 바로 행동으로 옮겼다. 대표적인 예가 마이

크로소프트의 '빌게이츠'와 페이스북의 '마크 저커버그'이다. 그들은 모두 완벽한 타이밍이 아니었음에도 불구하고 학업을 포기한 후 기적 같은 기회를 잡았다. 그들은 기회를 감지했을 때 '졸업 후에 해야지' '방학 때 해야지'와 같은 핑계를 대며 기회를 놓치지 않았다.

이제 기회가 당신에게 찾아와 문을 두드린다면 당신은 그 문을 활짝 열어주어야 한다. 그렇지 않으면 기회는 떠나버리고 다른 집 문을 두드리게 될 것이다. 또 '기회'는 항상 변형된 모습으로 우리에게 찾아온다. '도전' '모험' '열정' '용기'처럼 전혀 다른 옷을 입고 나타난다는 걸 알아야 한다.

#부동산 #투자계획_수립
#실행이_답이다

부동산 투자를 지혜롭게 한다는 것은 부동산으로 많은 돈을 번다는 것과 매칭된다. 그래서 우리는 실행하는 연습을 해야 한다. 어찌 됐든 간에 투자계획을 먼저 수립해 보자. 그리고 그에 따라 실행해 보자.

첫째, 상가, 주택, 토지, 오피스텔 등 어떤 물건에 투자할지 구체적으로 정하자.

둘째, 급매물건, 경매물건, 저평가된 물건, 입지 영향으로 인해 가치상승 중인 물건 등을 어떤 경로로 접근할 것인지에 대해 생각하자.

셋째, 투자전략이 세워지면 자신이 거주하고 있는 가까운 지역의 물건부터 탐색한 후 가치 있는 물건을 확보해서 투자기회를 잡자.

아주 간단한 방법이다. 이렇게 3단계 방법으로 접근한다면 어렵게만 보이던 투자가 부담스럽지 않게 다가온다. 이 3가지 방법으로 접근하되 투자를 진행함에 있어 중요한 각종 권리관계나 계약은 전문가 또는 잘 알고 지내는 공인중개사에게 위임하는 것이 좋다. 그들은 당신의 편에 서서 조언을 해주며 중요한 업무를 신속하게 처리해 줄 것이다.

얼마나 간단한가! 실행은 그리 어렵지 않다. 단지 용기가 없어 주저할 뿐이다. 실행하지 못하고 도전하지 않는 사람에게 하늘이 주는 벌은 두 가지다. 하나는 자신의 실패이고 또 다른 하나는 자신이 해내지 못한 일을 해낸 옆 사람의 성공이다.

이제 '하면 된다'라는 긍정적인 마음으로 부동산 투자에 접근해 보자. 그럼 '그래, 나도 할 수 있어'라는 자신감이 생기고 이런 긍정적인 마인드는 생각지도 못한 좋은 물건들을 당신에게 선물할 것이다. 그렇게 한두 차례 투자에 성공하다 보면 어느새 당신도 전문가가 되어 그릇이 커져있는 자신을 발견하게 될 것이다.

지금도 부동산 투자물건은 넘쳐난다. 각종 방송 매체에서는 부동산 경기가 하락했다고 하지만 아직도 부동산에는 먹을거리가 너무도 많다. 부동산이 끝났다고 말하는 사람들은 부동산 고수들 세계에서는 하수로 통한다. 그런 말을 하는 사람들을 나는 부동산의 '부' 자도 모르는 생초보로 치부해 버릴 정도다. 이 책을 쓰고 있는 지금도 나는 부동산 투자로 높은 수익을 창출하고 있다. 이제 당신 차례다!

허위·과장광고를 주의하라

#속지_말자
#허위광고 #과장광고

'최고의 상권, 1분 거리 역세권, 지상 최대 독보적인 투자가치, 수익률을 보장해 드립니다.'

지하철과 버스·라디오·신문의 부동산 광고, 심지어 길을 걷다 보면 노란색 바탕에 빨간 글씨로 쓰여져 있는 부동산 현수막을 흔히 볼 수 있다. 대부분 상가와 오피스텔, 호텔 분양광고들이다.

수익률을 보장해 준다는 말과 함께 확정수익 보장기간이라는 광고 문구에 누구나 한 번쯤은 투자를 생각해 보았을 것이다. 특히 은퇴 후 노후를 걱정하는 50~60대라면 거리에 갖가지 색으로 나부끼고 있는 현수막에 솔깃해 눈길이 가기 마련이다. 하지만 이런 광고들 중에는 허위·과장광고가 많다. 주로 부동산에 대해 잘 모르는 직장인들이나 일반인 입장에서는 높은 수익을 얻을 수 있을 거라는 기대감에 한 번쯤은 투자를 고려해 보기도 했을 것이다. 하지만 문제는 과장광고나 허위광고에 속아 덜컥 계약을 진행해 피해를 보는 사람들이 속출하고 있으며, 손해를 보아도 보상받기가 쉽지 않다는 것이다. 절대로 허위·과장광고의 눈속임에 속지 말아야 한다.

#믿지_말자
#분양사무소_직원

하나의 건물을 지으려면 시행사(건축주), 시공사(건설회사), 분양대행사(분양을 대행하는 업체), 신탁사(공사비용 지급, 대금 수납 등 자금을 관리하는 회사)가 함께 움직인다. 시행사는 분양대행사와 분양대행 계약을 체결하고 분양 업무를 위탁한다. 분양대행사는 일반투자자들에게 영업활동을 하여 해당 부동산을 판매하는데(주로 신탁사와 신탁계약을 체결하고 '선분양'을 진행한다), 여기서 가장 주의해야 할 것이 부동산에 대해 잘 모르는 분양대행사 직원들의 '말'이다.

대체적으로 분양사무소에서 일하는 직원들은 몇 달 바짝 일해 큰 돈을 벌 마음으로 취직해 근무하는 사람들이 대부분이다 보니 부동산에 대해 전문적인 지식이 별로 없다. 특히 부동산 자체가 고가이다 보니 분양 실적에 대한 수수료가 높기 때문에 분양대행사 직원들의 '한 방'을 노린 근거 없는 '묻지마 판매'가 판을 친다. 그들은 계획에도 없는 개발호재와 이슈를 만들어 투자자들을 현혹시키기 일쑤다.

전문가가 아닌 사람들이 물건을 파는 데에만 급급해 사고를 치는 것이다. 이들은 한 현장의 분양이 완료되면 새로운 분양 현장으로 '철새'처럼 이동한다. 그래서 부동산업계에서는 이들을 보고 일명 '철새'라고 부르기도 한다.

수익형 부동산 투자에 조금이라도 관심이 있는 사람이라면 한 번쯤은 상가나 오피스텔 분양사무실을 찾아 상담을 받아보기 바란다. 그럼, 내가 하는 말이 조금 더 빨리 이해될 것이다.

CASE
#입점의향 #취소
#분양권 #전매

급하게 상가를 분양 받아 문제가 생긴 L씨가 찾아왔다. 분양대행사의 화려한 말발과 사탕발림에 속아 높은 수익률을 기대하고 주차빌딩(주차장 부지에 짓는 건물로, 토지의 활용도를 높이기 위해 근린상가와 주차장을 함께 짓는 건물)의 3층에 위치한 1개 호수(전용 30평)의 상가를 분양 받은 것이다. 분양대행사 직원은 건물이 준공되기 전에 3층 전체를 메디컬센터로 임차를 맞춰 주겠다고 약속했지만 준공이 떨어지고 3개월이 지나도록 임차를 못맞추고 있는 상황이었다.

L씨는 임차보증금과 잔금 대출을 받아 시행사에 잔금을 치르려 했지만, 예정된 메디컬센터가 '입점의향'을 했다가 갑자기 취소해 버려 이러지도 저러지도 못하는 상황이었다. 더 큰 문제는 자신이 소유하고 있는 또 다른 부동산에 무리한 대출과 이자 연체가 있어 현재 분

양받은 상가의 잔금 대출조차 받을 수 없는 실정이었다. 예정대로라면 임차보증금과 은행 대출을 이용해 분양 잔금을 치러야 했지만 대출도 어렵게 되어 아주 곤란한 상황에 처해 있었다. 결국 본인이 분양 받은 분양가보다 몇 천만원이나 손해를 보고 전매를 해야 했다.

이처럼 부동산을 분양 받을 때 대출을 진행할 예정이라면 사전에 대출 진행이 가능한지 해당 은행에 자세히 알아봐야 한다. 대부분 건설회사(시행사)와 협약을 맺은 은행이 있기 때문에 계약 전 대출 여부를 본인이 직접 확인해 보는 것이 좋다. 대출 실행이 안 되어 큰 손해를 보는 상황이 종종 발생하기 때문이다.

#속지_말자
#수익률_보장

상가분양의 경우 빈번하게 발생하는 피해사례 중 하나가 '분양 후 수익률을 보장한다'거나 '분양과 동시에 해당 상가에 은행이나 유명브랜드 및 프랜차이즈를 입점시켜 주겠다'는 식의 멘트로 소비자를 속이는 것이다.

물론 모두 거짓은 아닐 수 있다. 분양상가의 위치가 좋아 임차를 희망하는 임차인이 대기 중일 수도 있다. 그러나 실제 은행이나 유명브랜드가 입점하지 않는 경우가 허다하다. 대부분 유명브랜드가 입점을 한다고 말하지만 실제로는 '입점의향서'(해당 건물에 입점을 희망한다는 의사를 밝힌 제안서, 법률상 효력은 없다)만 접수받은 상태에서 실제 확정된 듯이 입점의향서를 보여주며 투자를 부추긴다. '입점의향서'는 말 그대로 한 업체가 입점을 할 수도 안 할 수도 있는 '입점희망' 서류일 뿐, 임차가 확정된 게 아니다. 이런 피해를 줄이기 위해 투자자들은 분양계약 전 '입점의향서'가 아닌 실제 시행사(건축주) 측과 임차인의 임대차계약서를 확인하고, 임대차계약금이 입금된 통장까지 꼼꼼히 살펴봐야 한다.

#확인_하자 #타인명의_계약
#속지_말자 #마감_임박

이처럼 '선임대'가 맞춰진 분양상가를 '후분양'으로 분양 받을 때에는 계약의 주체가 누구인지 정확하게 확인해야만 피해를 줄일 수 있다. 예를 들어 A라는 사람이 G라는 상가의 101호를 분양 받으려고 하는데, 그 호수의 '선임대'를 원하는 세입자(B저축은행)가 있어 시행사(건축주)와 선임대(임대차) 계약을 체결한 경우다. 이때는 '준공'이 떨어지지 않은 상태여서 등기가 나와 있지 않은 경우이기 때문에 계약의 주체가 시행사(건축주)로 되어 있는 경우에는 안전하다고 볼 수 있다. 하지만 시행사(건축주)가 아닌 분양대행사 직원이나 제3자 명의로 되어 있다면 자세히 확인해야 한다.

제3자란 영업사원의 지인이나 시행사의 이해관계인일 수 있으며, 이렇게 계약이 되어 있는 경우 대부분 프리미엄을 받고 팔기 위해 분양대행사 직원들이 지인들을 이용해 미리 '찍거나'(분양권 상태에서 프리미엄을 붙여 일반투자자에게 되팔기 위해 좋은 자리를 미리 선점해 계약금만 지급한 상태) 자신 명의로 계약금만 치른 상태에서 프리미엄을 붙여 되파는 경우이기 때문이다. 이처럼 구두상 약속만 믿고 중요한 내용을 분양계약서에 기재하지 않으면 분양 후 큰 피해를 볼 수 있다. 실제 이런 문제로 인해 소송까지 가는 경우가 많지만 투자자가 승소하는 경우는 흔치 않다.

또한 오피스텔이나 상가·빌라의 분양광고를 보면 '마감 임박'이라는 표현을 많이 쓰기도 하는데, 실제로 수요자들이 많이 몰리는 '핫한' 지역을 빼고는 마감 임박이 되기까지 수개월이 걸린다.

이런 과장된 말이나 분위기에 휩쓸려 쫓기듯 투자하지 말아야 한다. 분양사가 고객을 속이는 꼼수의 유형은 다양하다. 투자자들을 유혹하기 위해 마구잡이로 수익률을 올리거나 과장된 표현을 하다 분양이 끝나고 나면 나 몰라라 하는 게 분양 판이다. 수익형 부동산은 자신의 확신으로 골라야 한다. 주변에 등 떠밀려 '너도 하니까 나도 한 번 해보자' 식의 계약은 망하기 딱 좋다.

> 경험을 현명하게 사용한다면,
> 어떤 일도 시간 낭비가 아니다.
> – 로댕

4천만원으로 300%의 수익률을 만들다

대기업에 다니는 K군은 필자 친구의 회사 동료였다. 그는 아파트 분양권과 관련하여 나에게 투자 상담을 받았다. 지금도 그렇지만 당시(2012년)도 아파트 분양권 시장은 뜨거웠다. 웬만한 신도시 아파트 로얄층의 전망 좋은 집은 청약에 당첨만 되면 다음날 2,000~3,000만원까지 프리미엄이 붙었다.

K군은 송도국제도시에 위치한 '송도센트럴파크푸르지오' 아파트 35평형에 청약을 넣어 당첨이 되었다. 경쟁률은 5대1로 치열하지 않은 편이었다. 당시 분양가는 4억원대 초반으로 계약금 10%(4,200만원)만 납부하면 입주시까지 따로 들어가는 돈은 없었다. 중도금 60%는 무이자 조건으로 대출이 진행되었고, 잔금 30%는 입주지정 기간에 완납하는 조건이었다. 아파트의 경우도 상가 분양권과 마찬가지로 시행사에서 중도금 무이자 혜택을 제공하며 분양하는 경우가 많다.

K군이 당첨된 아파트는 운 좋게도 센트럴파크공원의 전망이 잘 나오는 로얄층이었다. 당시 공원 전망이 나오는 라인은 많은 사람들이 선호하는 곳이어서 당첨과 동시에 프리미엄 3,000만원이 붙을 정도였다. 물론 호수공원 전망이 나오지 않은 호수에 당첨된 대부분의

사람들은 청약을 포기했다. 그렇게 K군과 함께 분양공급계약서를 작성하고 점심식사를 하며 그에게 물었다.

"잔금까지 끌고 갈 건가요?"

"음. 잘 모르겠어요. 입주가 2년 후니까 천천히 고민해 보려고요. 감사합니다."

그렇게 헤어지고 몇 달 동안 잊고 지내고 있었는데, 어느 날 저녁 K군에게서 전화가 걸려왔다. 그는 자신이 분양 받은 아파트의 프리미엄이 7,000만원까지 올랐다며 즐거운 비명을 질렀다.

"소장님. 이거 계속 끌고 가야 할지 아니면 지금 던져야 할지 고민입니다. 부동산에서 매수자가 있다고 하루에도 수십 통씩 전화가 오는데 고민되어 미치겠어요."

"제가 좀 알아보고 다시 전화 드릴게요."

전화를 끊고 그 아파트의 시세를 알아본 후 전화를 걸었다.

"○○씨, 제 생각에 입주까지 끌고 가면 1억원까지는 올라갈 거 같은데요. 기다려 보세요. 급할 거 없잖아요."

거짓말처럼 1년 후 프리미엄은 1억원 이상 올랐다.

K군은 분양권 전매를 하지 않고, 지난 2015년 7월 아파트 준공과 동시에 준비해 놓은 6,000만원의 본인 자금과 전세 세입자에게 3억 3,000만원의 전세보증금을 받아 잔금을 치르고 소유권을 이전했다.

2017년 현재 그 아파트 시세는 최초 분양가 4억 2,000만원에서 7억원까지 올랐으며, 실제 그 가격에 거래가 되고 있다. 불과 5년 만에 3억원이나 시세가 상승한 것이다. 그리고 분양 당시 청약 당첨이 되었지만 공원 전망이 나오지 않는다는 이유로 청약을 포기했던 호

- 명칭 : 송도센트럴파크푸르지오아파트
- 준공 및 입주년도 : 2015년 7월
- 전용면적/공급면적 : 84㎡/116㎡(35평형)
- 원 분양가 : 4억 2,000만원
- 현재시세 : 7억원
- 최초 분양 계약금 10%(자납) : 4,200만원
- 중도금 60% 무이자 대출 : 2억 5,200만원
- 준공 후 잔금 : 분양시 계약금 10% 4,200만원 + 세입자 전세보증금 3억 3,000만원 + 추가 투자금 4,800만원 = 분양대금 4억 2,000만원
- 총투자원금(세전) : 9,000만원

실들도 무려 2억원이나 상승한 6억원에 거래되고 있다.

  4,000만원으로 1년 안에 1억원 이상의 수익이 생긴다면, 그리고 5년 안에 3억원의 시세차익이 발생한다면 어떻겠는가? 상상만 해도 즐거울 것이다. 당신도 할 수 있으며, 당신에게도 충분히 일어날 수 있다.

  이제 장롱 속에 잠자고 있는 청약통장을 꺼내 투자를 실행하자! 하루빨리 부자로 가는 티켓을 끊고 부자로 가는 급행열차에 올라타 보자.

제4장

평생 월급 만드는 투자의 기술

급매와 경매부터 시작하라

#빈익빈_부익부
#부자가_되기_위한_비전

'돈이 돈을 번다'는 사실은 돈이 없는 서민들에게는 쓰린 마음으로 인정할 수밖에 없는 팩트이다. 일정 수준의 '자본'이 있으면 그것을 기반으로 하여 더 큰 '자본'을 키울 수 있기 때문이다. 그런데 문제는 이러한 자본력과 '부'가 대물림 속에 이루어지고 있다는 것이다. 이러다 보니 가난한 사람은 더욱 가난해질 수밖에 없고 부자는 급속도로 더 많은 재산을 불려 나가고 있다. 특히 이러한 '빈익빈 부익부' 현상은 더욱 심화되고 있으며, 이 시대를 살아가는 20~30대 젊은이들의 삶의 무게는 더욱 가중되고 있다.

이 책을 읽고 있는 독자라면 분명 '돈'과 '재테크' '부동산 투자'에 관심이 있을 것이다. 그렇다면 우리는 돈으로부터 자유로워지기 위해 생각을 바꾸고 부자가 되기 위한 비전을 세워야 한다. 그럼, 어떻게 돈을 벌어 행복한 삶을 영위할 것인가?

#돈이_벌리는_시스템
#급매_투자

어느 정도 성공궤도에 진입한 사람들의 불변의 원칙 중 하나가 돈이 벌리는 시스템이 확고해지면 가만히 앉아만 있어도 돈이 들어온다는 것이다. 우리도 이처럼 돈이 벌리는 시스템을 만들기 위해 노력해야 한다. 매달 받는 월급만을 위해 회사에 올인한다면 그 인생은 가망이 없어진다. 특히 나이가 들어 퇴직시기가 되고 나서야 부동산 투자에 눈을 떠 이 사람 저 사람 말에 휘둘리다 보면 잘못된 투자를 선택할 확률이 높아진다. 퇴직 후 노후대비를 위해 적게는 3~4억원에서 많게는 10억원의 투자금으로 수익형 부동산에 투자하기 위해 불편한 몸을 이끌고 여기저기 찾아 헤매이다 잘못된 투자를 해 수억원의 재산 피해를 보는 경우가 허다하다.

이런 피해를 줄이기 위해 우리는 젊어서부터 작은 실천을 해야 한다. 바로 '저축'이 아닌 '투자'를 실천하는 것이다. 앞에서도 말했지만 부동산 투자를 쉽게 접하기 위해서는 소형주택부터 시작하면 된다. 주로 시세보다 싸게 나온 '급매' 아파트나 빌라에 소액으로 투자하는 것이다.

#급매_투자 #경매_투자
#갭_차이_투자

급매 투자는 간단하다. 내가 원하는 지역에서 소형주택 위주로 시세를 알아본 후 시세보다 저평가되어 있는 주택을 사서 일정 기간 보유한 후 재매매하여 시세차익을 보면 된다. 급매물 대부분은 집주인의 개인사정으로 인해 급하게 파는 물건이 많기 때문에 권리상 하자나 물건의 하자 발생 소지가 적다.

반대로 '경매'의 경우 권리상 하자가 있는 물건이 많다. 경매는 일반 부동산처럼 매도인이 물건을 내놓고 물건을 사고파는 행위가 아니라 채무자의 채무로 인해 돈을 빌려준 채권자가 채권을 회수하기 위해 법원에 경매를 신청하여 진행되는 것이기 때문이다. 쉽게 말해 '김 채무'가 자기 집을 담보로 채권자(부자은행)에게 돈을 빌렸는데, 김 채무가 돈을 갚지 않아 부자은행이 김 채무의 집을 법원에 경매 신청하는 것이다.

경매의 경우 일반 부동산 거래와 다르게 입찰 전 권리분석과 물건의 하자 여부 등 파악할 것이 한두 가지가 아니다. 그렇다고 경매를 모르고 급매물만 찾아 투자하기에는 투자물건이 너무 제한적이며 투자범위도 줄어들게 된다. 그래서 급매물만 쫓다보면 제대로 된 물건을 찾지 못해 투자를 포기하거나 미루게 되는 경우가 종종 발생한다. 투자자들 사이에서는 경매가 급매보다 낫다고 말하는 투자자들과 위험한 경매보다 안전한 급매나 '갭' 차이를 두고 투자하는 게 낫다고 말하는 사람들까지 시비가 엇갈린다.

하지만 경매 투자의 장점은 기본적인 '부동산 권리분석'만 할 수 있다면 급매와 함께 부동산시장을 보는 시야를 더 넓힐 수 있고, 다양한 방법으로 상황에 맞춰 투자의 영역도 확대해 갈 수 있다. 그럼, 경매는 필수인가? 나는 '필수'라고 말하고 싶다. 급매 투자를 하기 위해서라도 기본적인 부동산 관련 서류를 볼 수 있어야 하고 '권리분석' 정도는 알고 있어야 하기 때문이다.

경매를 알게 되면 '급매' 투자와 '갭 차이' 투자(전세 끼고 집을 구입하는 방법으로, '매매가-전세가=실투자금'이라는 공식하에 실투자금을 최소화시켜 차후 매매가격 상승시 시세차익을 보는 방식) 정도는 더욱 쉽게 접근할 수 있다. 경매 투자는 급매보다 부동산을 싸게 살 수 있다는 장점도 있다. 특히 경매가 진행 중인 아파트나 빌라 같은 소형주택은 권리상 문제나 권리분석이 까다롭지 않기 때문에 초보자들도 쉽게 접근할 수 있다.

#경매_입찰 #세_가지_원칙
#물건의_가치 #권리분석

이렇듯 경매 투자로 재산적 피해를 예방하기 위해 나는 초보투자자들에게 경매 입찰 전에 세 가지 원칙을 정해 놓고 그 원칙대로 움직이기를 권장한다.

첫째, 경매에 나온 물건의 '가치'를 판단하는 능력이다.

'가치'를 판단하는 능력을 키우기 위해 가장 중요한 것은 '임장활동'(경매 나온 물건의 현장조사를 하는 것)을 자주 다녀야 한다. 물건이 무엇이든(땅, 주택, 상가) 답은 현장에 있기 때문이다. 임장을 자주 다니다 보면 좋은 물건과 문제 있는 물건을 보는 안목이 생긴다. 또한 임장을 통해 등기사항증명서나 건축물대장 등 부동산 공시자료만으로는 알 수 없는 문제점을 찾을 수 있고, 점유자(경매 나온 부동산에 거주하는 사람)의 성향 파악도 가능하기 때문에 명도(낙찰 받은 부동산에 살고 있는 사람을 내보내는 것)시 미리 해결할 수 있는 전략을 세울 수도 있다. 그뿐만 아니라 낙찰 받으려는 건물의 노후화 정도를 파악하여 사전에 보완공사 및 인테리어비용을 예측할 수 있으며, 정확한 시세조사도 가능하다.

둘째, 현재 부동산의 현황과 이해관계인에 대한 권리분석력이다.

권리분석은 입찰 직전까지 살펴봐야 할만큼 중요하다. 요즘은 초보투자자라도 등기사항전부증명서(등기부등본) 정도는 다들 볼 줄 안다(볼 줄 몰라도 몇 시간이면 배울 수 있다). 등기사항전부증명서는 사람으로 치면 기본증명서나 출생기록부와 같은 것으로, 부동산도 사람처럼 등기사항전부증명서 하나에 소유자와 면적, 준공년월일, 그밖에 대출을 진행한 사항이 있는지 또는 해당 부동산을 담보물로 제공한 이력이 있는지(담보가등기, 근저당, 저당, 압류, 가압류 등) 등이 기록되어 있다. 등기사항전부증명서는 대법원 등기소 웹사이트를 통해 열람할 수 있다. 권리분석 중 가장 중요한 것이 등기사항전부증명서를 보고 낙찰 후 '인수'해야 할 권리와 '말소'되는 권리를 분별하는 것이다. 경매 투자자라면 '권리분석'에 대해 기본적인 내용 정도는 이해하고 있어야 한다. 그래야 전문가의 도움을 받더라도 입찰시 어떻게 대처하고 진행할지 알게 된다.

셋째, 지속적으로 입찰할 수 있는 끈기와 부지런함이다.

나는 처음 경매를 시작해 보겠다는 마음을 먹고 바로 경매학원에 등록해 1년이란 기간 동안 꾸준히 배우면서 실전투자를 했다. 당시 함께 공부했던 학생 수는 40명이 넘었지만 용기를 내어 입찰까지 해 보는 사람은 10명 정도에 불과했고, 실제 낙찰을 받으며 꾸준한 투자를 지속하는 사람들은 다섯 손가락 안에 들었다. 대부분 거듭되는 패찰에 싫증을 내고 '경매 판'을 떠나버렸다. 이처럼 경매물건을 한 번 낙찰 받기까지는 많은 시간이 걸린다. 마치 보디빌딩 선수가 근육을 예쁘게 만들어 가는 과정과 같다. 지속적인 트레이닝 속에 근육이 발달하듯이 꾸준한 입찰과 물건 분석을 하다보면 수많은 경매물건들 중에서도 경쟁률이 높지 않은 '옥석'을 고르는 재주가 생기며 입찰하는 타이밍도 알게 된다. 또한 입찰을 해야 하는 물건과 버려야 할 물건을 구분할 수 있는 안목이 생긴다. 결국 경매에서 가장 중요한 것은 지속적인 입찰과 부지런함이다. 한 달에 한 건만 낙찰 받아도 된다. 잘 받은 한 건의 경매물건이 당신의 몇 달 급여만큼의 수익을 가져다 줄 것이기 때문이다.

#행동하지_않으면
#변화는_없다!

요즘 부동산 투자에 관심이 많은 젊은 직장인들이 소액으로 경매 투자를 많이 하고 있다. 그만큼 부동산 경매도 대중화되고 있는 상황이다. 하지만 소액으로 부동산 투자를 실천해 보고 싶지만 마음처럼 쉽지 않은 게 현실이다. 몇 천만원 단위로 투자해 보는 것이 처음이기도 하지만 그 몇 천만원이 일반 직장인에게는 자신의 전 재산일 수도 있기 때문에 투자의 문턱에서 고민하게 되는 것이다.

이처럼 부동산 투자는 자기 자신과의 타협 없는 전쟁이나 마찬가지다. 현실에 안주하고 안전함을 추구한다면 당분간은 충성이 멎고 평화의 시간을 즐길 수 있겠지만, 조만간 늘지 않는 통장 잔고를 보고 미래에 대한 불안감을 느끼며 고민에 빠지게 된다.

<u>부자가 되기 위해서는 부자가 되는 행동을 해야 한다. 부자들은 생각을 실천으로 옮긴 사람들이다.</u> 이제 자신에게 재테크를 할 수 있는 투자의 시간을 확보해 주고 행동과 의식에 변화를 주자. 지금 바로 부동산 투자에 자신의 일부분을 배팅해 보면 좋겠다.

내 배움에 방해가 된 유일한 한 가지는
내가 받은 교육이다.

- 알버트 아인슈타인

월세 500만원을 목표로 하라

#직장인의_꿈
#임대사업자

소중한 시간을 쏟아 붓지 않아도 돈이 되는 사업은 무엇이 있을까? 많은 직장인들이 회사를 그만두거나 퇴직에 대비해 여러 사업을 구상하지만 사업에 대한 잘못된 인식과 막연한 꿈만으로는 성공이 쉽지 않다. 그리고 사업은 겉으로 보이는 것처럼 그다지 유쾌하지 않다. 직장생활보다 많은 에너지가 소비되고 더 많은 스트레스를 받는다. 하지만 우리 사회는 마치 창업이 성공의 지름길처럼 이야기한다.

"여러분, 스스로 사장이 되어 보시기 바랍니다."
"진정 하고 싶은 창업을 하시면 성공하게 됩니다."

그러나 불행하게도 많은 사업 지망생들은 사업 시작과 동시에 한치 앞도 보이지 않는 끝없는 사막으로 접어들게 되고, 결국 창업이란 사막에서 고독하게 목숨을 잃는다. 이제 더 이상 말도 안 되는 창업으로 시간과 에너지를 낭비해서는 안 된다.

한 방송에서 월급쟁이 직장인들을 상대로 퇴직 후 꿈이 무엇인지에 대해 인터뷰를 했는데, 대부분의 직장인들은 같은 답을 했다.

"일하지 않아도 평생 월세 받으며 편하게 사는 게 소원이다!"

바로 신의 직장 '임대사업자'가 되는 것이 꿈이었다. 임대사업자는 다른 사업에 비해 접근하기가 매우 쉽다. 특별한 기술이나 면허가 없어도 된다. 단지 투자할 돈과 정보만 있으면 누구나 할 수 있는 게 임대사업이다. 임대사업자는 매장이 없어도 되고 직원을 채용할 필요도 없다. 제대로 된 수익형 부동산 하나만 있다면 당신도 사장님 소리를 듣는 임대인이 될 수 있다.

#경제적_자유
#월_500만원

직장인이 경제적 자유를 얻기 위해서는 일하지 않고도 매월 고정수입으로 500만원씩은 꼬박꼬박 들어와야 한다. 하지만 일하지 않고도 500만원씩 벌어들일 수 있는 방법은 많지 않다. 그럼 불로소득의 가장 대표적인 것은 무엇일까? 여러 채의 수익형 부동산을 보유하여 월세를 받거나 이자·배당 등의 투자수익 또는 작가나 작곡가가 되어 저작권료를 받는 것이다. 그러나 평범한 직장인이 한 회사의 소유주가 되어 배당금을 받거나 자신만의 창작물을 만들어 돈을 벌어들인다는 것이 쉬운 일은 아니다. 그렇다면 부동산을 이용해 월세 받는 위치로 이동해 보는 건 어떨까?

CASE
#상가_투자
#월_500만원

고객 중에 20대 후반의 젊은 나이에 임대사업자가 된 P라는 여성이 있다. 대기업(S전자)에 다니는 그녀는 그동안 모은 돈으로 상가에 투자하겠다는 뚜렷한 목표를 가지고 있었다.

그리고 회사 근처 수원 번화가의 1층(전용 26평) 상가를 매수했다. 남들은 어렵게 모은 종잣돈으로 40~50대가 되어서야 수익형 오피스텔 투자에 막 도전을 시작하거나 그것도 두려워 투자에 엄두도 못 내고 있을 때 그녀는 과감하게 상가에 투자한 것이었다. 그녀가 사들인 상가는 도로변에 접해 있었고, 상가 전면부 가로 면이 넓게 빠져 있었다.

그 상가는 매수하기 전, 경미한 화재로 인해 상가 내부가 불에 타 엉망이었다. 당시 애견매장을 운영하던 세입자는 불에 타버린 시설물의 복구가 힘들어 계약을 이어갈 수 없는 상태여서 시설물 내부를 원상복구하고 세입자를 내보내는 조건으로 상가를 매수했다. 워낙 번화가에 위치한 상가였기 때문에 급하게 세입자를 찾기보다는 여유를 가지고 임대료를 충분히 받을 수 있는 세입자를 찾기로 했다. 그리고 몇 주 뒤 그녀가 다급하게 나를 찾아왔다. 무언가 자랑이라도 하고 싶었는지 상기된 얼굴로 사무실에 불쑥 방문한 것이다.

"소장님 며칠 전 프랜차이즈 고깃집에서 제 상가를 보고 갔는데 점주가 맘에 들어 하는 거 같아요. 업체에서 어제 계약의사가 있다고 연락이 왔어요. 그런데 고깃집이 들어오면 건물 내관이 지저분해 진다던데…. 고깃집으로 세를 줘도 괜찮을까요? 저는 개인적으로 화장품 매장에 세를 주고 싶은데…. 좀 더 기다려 볼까요?"

당시 프랜차이즈 고깃집의 희망 계약조건은 보증금 3,000만원에 월세 250만원이었다. 이 정도의 조건이면 매수한 금액 대비 꽤 괜찮은 수익률이었다. 하지만 나는 한 가지 팁을 줬다.

"상권이 워낙 좋기 때문에 너무 급하게 서두를 필요는 없어요. 제 생각에는 상가를 두 칸으로 만들어 세를 주면 어떨까 싶은데요."

나는 당장 세입자를 구하는 데 급급해 하기보다 수익률을 높이기 위한 방법을 제안했다. 한 칸의 상가 중간 부분에 가벽을 세워 구획을 한 뒤 하나의 상가를 두 칸의 상가로 만들어 수익률을 높이자고 제안한 것이다. 가로 면이 넓게 빠지고 세로 면이 좁은 상가라서 두 칸으로 만들어도 무리가 없을 것 같았다. 그렇게 우리는 전용 26평짜리 상가를 각각 13평씩 구획했고 한 명의 세입자가 아닌 두 명의 세입자에게 임차를 주기로 했다. 다행히도 한 칸은 그녀가 원하던 화장품 매장이 입점을 했고, 또 다른 한 칸은 네일샵이 들어왔다.

전체 임차를 주었을 때에는 보증금 3,000만원에 월세 250만원을 받을 수 있었지만 두 칸으로 상가를 나누고 난 후에는 각각 보증금 2,000만원에 월세 170만원씩을 받게 되었다. 두 칸 임대료로 보증금 4,000만원에 월세 340만원을 받게 된 것이다. 상가를 두 칸으로 구분하여 세를 주니 보증금 1,000만원에 월세 90만원이 증액되었고,

월세가 높아진 만큼 수익률도 더 높아졌다.

  지금도 그녀는 수원 번화가에 위치한 그 알짜배기 상가를 매도하지 않고 그대로 보유하고 있다. 현재는 처음 계약 당시보다 월세를 더 높여 받고 있다고 한다. 지금도 회사를 다니며 부동산 투자를 하고 있는 그녀는 또 하나의 상가에 투자하여 매달 들어오는 월세만 500만원 이상이 되었다. 이제 막 30대 중반에 접어든 그녀는 더 이상 직장생활을 하지 않아도 충분히 먹고 살 수 있는 재정적 상태와 경제적 자유를 얻게 되었다. 현재를 희생하면서 자신의 미래를 위해 부동산에 투자한 결과이다.

삶의 목적은
목적 있는 삶을 사는 것이다.

- 로빈 샤르마

가치를 보는 눈을 키워라

#부동산의_가치
#금융레버리지

"사람들은 무언가의 가치를 판단할 때 권위에 의존한다. 그러나 그들이 선택하는 권위라는 것은 대체로 사실과 결과에 근거하지 않은 무실체적인 권위이다. 그들이 권위 있어 보이고 자신들에게 친숙해 보이기 때문에 그러한 선택을 한다."

영화 〈빅쇼트〉에 나오는 말이다. 실화를 바탕으로 만들어진 이 영화는 2008년 글로벌 금융위기(미국발 서브프라임 모기지 사태)를 다룬 영화이자 자본주의의 폐해를 깊게 들여다 볼 수 있는 영화이기도 하다. 이 영화는 금융기관의 모럴 해저드와 부동산 투기꾼들의 근거 없는 투자로 미국이란 거대강국을 경제위기까지 몰고 가게 된 이야기를 다뤘다.

초보투자자들은 부동산의 가치를 판단할 때 현재 그 부동산의 가격과 무실체적인 기대심리로 당장 눈앞에 보이는 수익률만 생각하거나 업계 권위자들의 말만 철석 같이 믿고 소중한 재산을 배팅한다. 그리고 이런 투기성 투자자들 대부분은 자신의 투자원금보다 많은 대출을 받는다. 이러다 보니 금리상승이나 경기불황에 놓이게 되면 손해를 볼 수밖에 없다. <u>감당할 수 있는 대출은 레버리지효과를 극대화시켜 주지만 그렇지 않은 대출은 한 사람을 파산위기까지 몰고 간다.</u>

부동산의 경우 금리변동에 민감하게 반응한다. 특히 은행 금리가 저금리일수록 수익형 부동산에 대한 관심은 더욱 확대된다. 연 1%대의 저축만으로 수익을 올리는 것에 한계를 느낀 투자자들은 쌈짓돈을 가지고 소형 오피스텔이나 소호사무실 또는 도시형 생활주택 투자에 뛰어든다. 이처럼 낮은 금리를 이용해 너나 할 것 없이 부동산시장에 뛰어드는 또 다른 이유는, 부동산은 언제나 안전한 투자처라는 생각도 일조한다. '부동산 가격은 떨어지지 않으니 무리를 해서라도 장만하는 게 낫다'라는 잘못된 믿음과 기대심리 때문이다.

하지만 수익형 부동산이라고 해서 '은행 금리보다 수익률이 좋으니까' '언젠가 시세가 상승하겠지'라는 덮어놓기식 생각으로 투자를 했다가는 낭패를 보기 십상이다. 수익형 부동산은 말 그대로 임대를 주어 월세를 받는 것이 목적이다. 그런데 변동금리로 대출을 받은 경우 은행 금리가 높아지거나 임차인 관리에 실패하게 되면 실질수익률이 떨어지게 되고 결국 매달 나가는 대출이자에 허덕이게 된다. 따라서 수익형 부동산 투자에 앞서 세심한 옥석 가리기가 필요하다.

#가치없는_땅
#가치를_보다 #협소주택

가끔 임장(현장 답사)을 하다 보면 쓸모없는 땅이나 구도심에 쓰러져가는 건물들, 서울 도심에 있지만 개발제한구역에 편입되어 있고 맹지(도로와 맞닿은 부분이 전혀 없는 토지)여서 개발이 어려운 토지 등 주변 시세보다 저렴하게 거래되며 담보가치로도 저평가된 물건들을 접하게 된다. 하지만 그런 '가치' 없는 땅이나 건물일지라도 소유자가 어떤 방식으로 그 부동산을 활용하는지에 따라 쓸모없는 땅이 되기도 하고 금싸라기 땅으로 거듭나기도 한다.

그 예로 요즘 자투리땅을 이용해 협소하지만 자신만의 라이프 스타일과 개성에 맞게 집을 짓는 젊은 사람들이 많아졌다. 일명 '협소주택'이라고 불리는 이 주택은 땅의 면적과 모양이 일정하게 나오지 않아 땅 모양에 맞춰 건물을 건축하는 소형주택을 말한다. 좁고 모양도 못생긴 땅을 활용해 건축을 하기 때문에 토지 매입비와 건축비가 저렴하다는 장점이 있다. 일본에서 시작한 협소주택 건축은 한국에서도 젊고 개성을 중시하는 사람들에 의해 시도되고 있다. 이처럼 못생긴 땅이라도 잘만 활용하면 새로운 가치를 창출할 수 있다.

#쌀_때_사서_팔_때_팔아라
#지역분석 #집중투자

어떤 부동산이건 시세에 제

값 다 주고 사는 부동산은 많은 이익을 낼 수 없다. 오히려 부동산 경기가 하락하면 손해를 보게 된다. 부동산을 싸게 사는 방법은 앞에서도 다뤘듯이 경매와 급매를 이용하면 된다. 그런데 경매와 급매보다 더 중요한 건 시장의 흐름을 잘 읽어 '쌀 때 사서 팔 때 팔아야' 한다는 것이다.

투자하려는 지역이 단순하게 거품이 빠진 것인지, 아니면 가치가 하락해 수요가 없는 것인지를 먼저 알아봐야 한다. 그러기 위해 중요한 키포인트 중 하나가 '지역분석'이다. 우선 자신이 원하는 투자지역을 선정하여 하나의 보고서를 작성하듯 투자보고서를 정리해야 한다. 해당 지역 지자체 홈페이지나 국토교통부 관련 사이트에 접속해 개발계획과 각종 자료를 취합해 정리하고, 최신 뉴스를 통해 각종 '호재'와 '악재'를 구분한다. 특히 해당 지역에 기업이 들어오는 것은 그 지역의 부동산 투자에 있어 가장 큰 '호재' 중 하나이기 때문에 기업에 대한 정보와 일자리 관련 정보도 꼼꼼히 살펴보면 좋다. 기업들이 해당 지역에 들어오면 인구가 증가하면서 부동산 수요자들이 많아지고 이는 부동산 가격에도 영향을 미치기 때문이다. 가치 있는 물건은 현재의 시장가격보다 미래에 꾸준히 상승세를 타면서 가격이 상승할 것으로 예상되는 부동산이다. 차근차근 수많은 정보와 이슈를 정리해 나간다면 미래가치가 있는 부동산을 찾을 수 있게 된다.

또한 초보자일수록 '분산투자'보다는 '집중투자'를 선택해야 한다. 하나의 물건에 집중하고 몰두해야 에너지나 비용적인 측면에서 유리하며 실수를 줄일 수 있다.

CASE

#성급한_판단
#가치를_보는_눈

투기 바람이 한창이던 2007년, 용인에 사는 직장인 K씨는 투자 목적으로 분당구 일대의 중대형아파트를 매수했다. 당시 '천당 밑에 분당'이라는 말이 생길 정도로 분당의 아파트 가격은 천정부지로 솟구쳤다. K씨는 109㎡(33평) 아파트를 매매가가 6억원에서 7억원으로 올라가던 시기에, 가격이 더 상승할 것이라는 투기성 기대심리를 안고 대박이라는 꿈을 향해 7억원에 매수했다. K씨의 예상대로 해당 지역 아파트의 거품이 더 커지면서 집을 매수한 지 반년 만에 아파트의 호가가 1억원 이상 상승해 쾌재를 불렀다.

하지만 기쁨도 잠시 2008년 금융위기 이후 아파트 가격이 급속도로 떨어지기 시작하면서 매매가가 5억원대까지 내려앉았고, 엎친데 덮친격으로 급매물이 늘면서 거래도 뚝 끊겨 버렸다. 은행에서 5억원대의 대출을 받고 매수한 터라 매달 나가는 은행 이자도 부담스러웠지만, 더 큰 문제는 아파트 가격이 5억원대까지 떨어지면서 졸지에 '하우스푸어'(비싼 집에 사는 가난한 사람들)로 전락하게 된 것이다.

결국 본인이 투자한 원금 2억원은 끓어올랐던 거품과 함께 사라져 버리고 은행 빚 5억원만 남아버린 상황이었다. K씨는 매달 받는 월급 500만원 중 300만원은 '은행 빚'을 상환하는데 써야 했다. 한순간에 은행을 위해 일하는 '집의 노예'가 되어 버린 셈이다. 그렇게 매달 나가는 이자와 원금을 견디지 못하고, K씨는 2009년 원금을 손해보며 울며 겨자 먹기로 집을 처분했다.

하지만 2017년 버블세븐으로 불렸던 용인과 분당지역의 아파트 시세가 회복세를 찾으면서 2008년 최저시세까지 하락했던 시점보다 2.6배 높아졌으며, 2006년도 부동산 활황기였던 시점으로 다시 화려하게 부활했다. 초저금리시대가 도래하면서 높은 이자를 기대할 수 없게 된 투자자들의 목돈이 부동산으로 다시 시선을 돌린 것이다.

이렇게 한 번의 투자로 한몫 잡겠다는 투기성향과 주변 사람들의 말만 믿고 등 떠밀려 투자를 하면 단기적인 득보다도 장기적인 실이 더 크다. 다시 말하지만 투자에 실패하지 않기 위해서는 성급하게 움직이면 절대 안 된다. 나는 항상 고객들에게 가치를 보는 눈을 키우라고 이야기한다. '가치'를 보는 눈을 키우라고 말하면 거창하게 들릴지 모르겠지만 자기만의 원칙을 세우고 실천하면 된다. 물론 많은 투자자들은 나에게 반문한다.

"가치를 보는 눈이 있다면 벌써 부동산 부자가 되었을 겁니다."
"가치를 보는 눈은 부동산 전문가들이나 가능한 거 아닌가요?"

그렇다. 가치를 파악하는 것은 초보자에게는 쉽지 않은 일이다. 마치 이제 막 서기 시작한 갓난아기에게 뛰어보라는 말과도 같기 때문이다. 하지만 갓난아기의 몸속에 뼈와 관절이 자리를 잡고 근육이 조금씩 발달하면서 걷게 되는 것처럼 부동산 투자도 자신의 경험으로 자연스럽게 터득해 나가야 한다. 우리 주변에는 엄청나게 많은 부동산 관련 서적과 정보 그리고 부동산 전문가들이 있다.

이제 스스로에게 '하면 된다'라고 선언하라! 그럼 수많은 정보와 전문가들이 이제 막 부동산에 입문하게 된 당신에게 부동산의 가치를 보는 안목과 노하우를 전수해 줄 것이다.

땅의 숨은 가치에 주목하라

#퍼스널브랜딩의_시대가_왔다

많은 사람들이 자신의 몸값을 올리기 위해 '스펙'과 '인맥'을 쌓고 있다. 하지만 이제 시대가 바뀌었다. '퍼스널브랜딩'의 시대가 온 것이다. 연예인들에게나 관심 있었던 '퍼스널브랜딩'이란 말이 이제 직장인·사업가·일반인들에게까지 성공을 위한 하나의 요건으로 자리잡고 있다.

퍼스널브랜딩이란 '나' 자신을 브랜드화 해 수많은 경쟁자들 속에서도 대체불가능한 존재가 되는 것을 말한다. 대표적인 예로 버진그룹의 회장 '리처드 브랜슨'이 있다. 그는 난독증을 갖고 있는 고교 중퇴자이며 재무제표도 잘 읽지 못하지만 '창조경영의 아이콘' 혹은 '괴짜CEO'로 통한다. 그는 열기구를 타고 전 세계를 여행하고, 버진콜라를 출시한 후 경쟁사인 코카콜라 광고판을 물대포로 쓰러뜨리는 등 다양한 퍼포먼스와 기이한 행동을 일삼았다. 리처드 브랜슨은 음악, 음료, 여행, 금융, 운송, 출판 등 서로 전혀 어울리지 않는 사업에 도전했고 성공했다. 그의 성공비법 중 하나는 자신의 기업을 '브랜드'화 시키기 위해 과감한 퍼포먼스와 괴짜 같은 행동으로 사람들의 이목을 집중시키는 데 있다.

#저평가
#건물_가치 #트렌드

'퍼스널브랜딩'은 사람에게만 적용되는 것이 아니다. 이제 부동산도 '몸값'을 높여야 하는 시대다. 과거에야 '부동산은 사면 오른다'라는 말이 있을 정도로 부동산을 가지고만 있어도 자연스럽게 시세차익을 볼 수 있었지만 이제 노후화된 건물이 많아지면서 가치가 하락하는 건물들이 넘쳐나고 있다. 또 새로운 트렌드의 건축물들이 생기면서 변화한 지역의 화려한 건물도 임차를 맞추지 못해 가치가 낮게 평가되는 반면, 변화가 외진 곳의 건물임에도 불구하고 엄청난 월세를 받는 건물들이 있다.

우리의 목표는 시세보다 가격이 낮은 저평가되고 노후화된 건물들 중에서도 임차 수요가 많고 상품가치가 높은 건물을 사들이는 것이다. 바로 '미운 오리새끼를 발견해 황금오리'로 탈바꿈시키는 것이다.

#토지의_다양성
#사전_확인_철저

　　가치 있는 땅은 수요자들이 몰린다. 따라서 부동산의 가치를 볼 때에는 그 부동산의 현상 그대로만 보고 가치를 판단해서는 안 된다. 때로는 건부지(건축되어 있는 건물에 의해 용도가 정해져 있는 땅) 상태의 토지도 건물을 새로 지으면 다방면으로 활용가능한 '팔방미인' 같은 땅이 되기 때문이다.

　　토지는 이처럼 '용도의 다양성'이 있기 때문에 오래된 건물을 허물고 용도지역에 따라 다세대주택 또는 오피스텔을 건축할 수 있다. 그래서 땅 투자를 좀 한다는 사람들은 재건축을 노려 오래된 가옥이나 단독주택을 전문으로 찾아다니며 시세보다 싸게 매입하기도 한다.

　　그러나 단독주택을 허물어도 높은 건물을 건축할 수 없는 공법상 제한이 있는 땅이라면 그만큼 투자가치도 떨어진다. 땅을 매입하면서도 건물을 건축할 수 있는지 여부를 정확히 판단하지 못해 공한지(도시계획 또는 토지이용계획 때문에 주택을 짓지 못하고 장기간 방치되어 있는 빈 땅의 택지) 상태로 방치해 놓는 땅들이 많다.

　　땅의 가치는 무궁무진하지만 잘못된 투자는 소중한 재산에 기한 없는 자물쇠를 채워버릴 수도 있다. 따라서 토지는 그 땅의 용도가 어떠한지, 공법상 제한은 없는지, 현재 있는 건물을 철거하고 새로 건물을 지을 수 있는지 여부를 사전에 꼼꼼하게 알아봐야 하며, 이런 사항들은 해당 지자체 홈페이지나 담당 공무원을 통해 확인할 수 있다.

　　부동산 투자에서 '홍일점'이라 불리는 땅 투자는 욕심을 부리지 않고 장기적으로 접근한다면 높은 수익을 주는 황금알이 될 것이다.

CASE

#건물_공매

#땅_경매 #가치

경매로 나온 건물을 살펴보던 중 안양시 번화가에 위치한 단독주택을 보게 되었다. 주택과 빌라가 오목조목 붙어 있는 상업지역 골목 안쪽에 자리 잡은 이 주택은 지은지 50년이나 된 낡은 집이었다.

등기사항증명서 확인 결과 토지(60평)는 A의 소유로 대출금이 연체되어 경매가 진행 중이며, 건물(단독주택)은 B의 소유로 세금이 체납되어 공매가 진행 중이었다. 현황조사를 통해 알게 된 사실은 A와 B는 모자지간이며, 어머니 A가 '토지와 건축물'을 함께 소유하다 아들인 B에게 건축물만 증여해 소유권 이전을 해준 상태였다.

이러한 경우 건물과 토지의 소유자가 다르기 때문에 '법정지상권'이 문제가 되지만 단독주택 건물만 낙찰을 받아도 토지 소유자에게 대항할 수 있는 대항력이 인정되는 물건이었다(법정지상권이란 토지와 건물의 소유자가 동일한 경우에 저당물의 경매로 인해 토지와 그 지상건물이 다른 소유자에 넘어가면 토지 소유자는 건물 소유자에 대해 지상권을 설정한 것으로 본다. 단, 토지 사용의 대가는 당사자의 청구에 의해 법원이 이를 정한다). 따라서 단독주택만 낙찰 받아 토지 소유자에게 일정 수준의 땅값을 지불하면 건축물을 철거하지 않고 사용할 수 있는 법정지상권이 성립하는 물건이었다. 한 달 앞서 B 소유의 단독주택이 먼저 공매로 진행 중이어서 나는 공매로 단독주택 입찰 후에 경매로 토지까지 낙찰 받을 계획을 세웠다.

이런 경우 공매로 주택을 낙찰 받은 후 경매로 나온 토지를 낙찰 받지 못하더라도 토지 소유자(낙찰자)에게 땅값을 지불하고 토지를 사용하거나 토지 소유자에게 건물을 시세보다 비싸게 처분할 수 있는 방법이 있었다. 건물을 싸게만 낙찰 받는다면 별 문제가 없는 상황이었다. 다행히도 건물은 거저나 다름 없을 정도로 싸게 낙찰을 받았다(공매 감정가 1억 1,000만원, 낙찰가 2,200만원). 법정지상권이 있는 특수물건은 일반투자자들이 입찰을 꺼리기 때문에 특수물건에 대한 몇 번의 경험이 있었던 나에게 경쟁력이 있었던 것이다. 그렇게 공매로 단독주택을 낙찰 받고, 이제 토지의 경매 입찰기일이 다가왔다. 토지까지 경매로 낙찰 받으면 그야말로 금상첨화였다. 경매로 나온 토지에는 다수의 투자자들이 입찰하여 경쟁이 있기는 했지만, 운 좋게 시세보다 50% 싸게 매입할 수 있었다(감정가 1억 8,000만원, 낙찰가 9,000만원).

그렇게 번화가에 위치한 단독주택을 낙찰 받는 데까지 1억 1,200

- 안양시 소재 단독주택
- 토지(공매) 및 건물(경매) 매입가 : 1억 1,200만원
- 인테리어 공사비 및 취득세 : 3,500만원
- 전세보증금 : 1억 6,000만원
- 현재 시세 : 2억 2,000만원

만원이 들었다. 건물을 점유하던 건물주는 '명도' 전에 이미 다른 곳으로 이사를 갔다. 역시 집안은 엉망이었고 손볼 곳이 한두 군데가 아니었다. 매각대금 납부 후 소유권을 이전하고, 단독주택 인테리어를 전문으로 하는 전문가를 알아보았다.

인테리어업자의 섭외에만 3주가 넘게 걸릴 정도로 인테리어에 심혈을 기울였다. 그리고 관리가 안 되어 엉망이었던 집을 3,000만원의 돈을 들여 카페 같은 분위기의 예쁜 집으로 환골탈태시켰다. 위치가 워낙 좋은 번화가에 있었고, 교통도 편리해 장기적으로 상승가치가 높은 집이었다. 또 내가 과감하게 이 주택을 낙찰 받은 이유 중 하나는 이 주택이 건부지 상태였지만, 단독주택을 허물면 4층짜리 빌라를 건축할 수 있는 땅이기 때문이기도 했다.

나는 보통 경매 투자를 할 때에는 단기투자 방식을 추구하지만 이 물건의 경우에는 재매매시기를 늦추고 장기보유를 하기로 결심했다. 그래서 1억 6,000만원에 두 자녀를 둔 젊은 부부에게 임차를 주었다. 취득세와 인테리어비용, 기타 매수비용 등 모두 합쳐 1억 4,700만원 정도가 들어갔으니 모든 비용을 제하더라도 1,300만원이나 남았다. 그리고 전세 2년을 주는 동안 땅과 건물의 가치가 상승하여 2억 2,000만원짜리 알짜배기 주택이 되었다.

상상은 지식보다 중요하다
― 아인슈타인

멘토와 함께하라

#부동산_멘토
#간접경험 #전략적_모방

'짝퉁'의 천국 중국에서는 복제와 카피를 또 다른 혁신이라고 부르며, 일명 '산자이'(중국산 모조품을 지칭하며, 단순한 짝퉁이나 모방만이 아니라 '창조적 모방'이라는 뜻도 포함된다)라는 말까지 생겨났다. 중국에서의 짝퉁은 도용범위가 아이폰이나 갤럭시폰 등에 그치지 않고 건물의 디자인, 심지어 도시 전체까지 복제를 한다. 중국의 유명 브랜드 '샤오미'는 애플의 아이폰을 소름 돋을 만큼 복제하여 싼 가격으로 시장에 출시해 중국 스마트폰 시장 1위, 세계 스마트폰 시장 5위에 오르는 기업이 되었다. 샤오미는 '이노베이터'(Imitation(복제)와 Innovation(혁신)을 합친 신조어)라는 말이 가장 잘 어울리는 기업 중 하나다.

그렇다면 샤오미와 같이 부동산 투자에서도 이노베이터를 적용해 보는 건 어떨까? 부동산 투자로 성공한 사람들을 주변에 두고 '전략적 모방'을 하는 것이다. 그들은 어디에 투자를 하며, 언제 무엇을 사고 어떤 타이밍에 되파는지를 옆에서 보며 간접경험을 하는 것이다. 우리에게 이런 간접경험은 실전 투자에서 피와 살이 되고, 실패 없는 투자를 할 수 있게 만들어 준다. 우리처럼 지극히 평범한 월급쟁이 직장인일수록 주변에 부동산 멘토를 많이 만드는 것이 좋다. 당신의 멘토는 누구인가?

#투자하는_직장인 #투자하지_않는_직장인 #미래가_다르다

부동산에 관심 있는 직장인들을 두 부류로 나눠 보면 부동산에 관심이 많고 투자도 적극적으로 하는 직장인과 부동산에 관심은 있지만 투자는 엄두도 못내는 직장인으로 나눌 수 있다.

여기서 분명한 사실 하나는 부동산 투자가 두려워 실천을 못하는 직장인들의 미래는 뻔하다는 것이다. 평생 직장생활을 하면서 때가 되면 은퇴를 하고 퇴직금과 연금으로 생활하는 평범한 삶, 누군가에게는 당연하지만 누군가에게는 미치도록 벗어나고 싶은 삶일 것이다. 반대로 부동산 투자에 적극적인 직장인들의 마인드는 지극히 다르다. 그들은 몇 년 안에 자신이 직장으로부터 은퇴할 수 있다는 사실을 믿고 있다는 것이다. 실제로 한 매체의 조사 결과 직장인들 중

30대 초반부터 부동산 투자를 해온 직장인은 그렇지 못한 직장인들보다 10~15년 빠른 은퇴를 하며, 매달 들어오는 월세만으로 경제적 안정을 찾았다고 한다.

그러기 위해서는 '언젠가'를 '오늘'로 만들어야 한다. 지금 이 책을 읽고 있는 당신에게 '언젠가'를 '지금 당장!'으로 바꾸라고 강력하게 말하고 싶다.

'언젠가 목돈이 생기면….'

'언젠가 풍요로워지면….'

'언젠가 부자가 되면….'

'언젠가 여유가 생기면….'

결국 이런 '언젠가'라는 생각들은 평생토록 당신의 잠재의식에 남아 도전하지 못하게 만든다. 냉정하게 들릴 수도 있겠지만 지금 당신이 돈이 없어서 투자를 못한다면 그건 당신이 경제적으로 어려워서가 아니라 당신이 돈 벌 궁리를 안하고 있는 것이다. 어떻게든 종잣돈을 만들면 단돈 500만원으로도 부동산에 투자할 수 있다. 그것이 '아파트 갭' 투자이건 '분양권' 투자이건 '부동산 펀드'이건 간에 말이다. 당신이 부동산으로 돈 벌 궁리만 한다면 부동산 틈새투자는 분명히 존재하고 가능할 것이다.

CASE #부동산_투자 #첫경험
#상가 #공동투자

K씨는 대기업에서 사무직으로 일

하는 평범한 직장인이다. 소극적인 성격의 K씨는 1:1 상담을 받으면서도 부동산 투자에 대한 경험이나 노하우를 배우려 하기보다는 입증된 데이터와 세밀한 분석 그리고 많은 부동산 공부를 해야 한다는 생각에 사로잡혀 있었던 전형적인 보수적 투자자 중 한 명이었다.

"제가 부동산 투자를 해보려고 하는데요. 투자하기 전에 공인중개사 공부와 부동산 투자 관련 공부를 먼저 하려고 합니다. 아무래도 자격증이 있으면 투자를 하는데 유리하지 않을까요?"

"선생님. 먼저 부동산 투자를 하기 위해 전문가에게 조언을 구하러 오신 건 정말 잘하셨습니다. 그래야 어렵게 돌아가지 않고 실수를 범하지 않기 때문입니다. 하지만 자격증은 자격증일 뿐 이론과 실전은 다르다는 걸 아셔야 합니다. 공인중개사 자격증을 보유하고 있다고 해서 투자를 잘한다면 전부 중개사 공부를 먼저 하겠죠. 투자는 실전이 중요합니다."

"그렇지만 제가 아무것도 모르는데 어떻게 투자를 해야 할지 겁이 납니다. 솔직히 의심도 많고 제가 다 알아야만 직성이 풀리는 성격이라서요."

"하지만 지금부터 부동산 공부를 하면서 투자를 병행하시려면 너무 많은 시간이 걸리지 않을까요? 직업을 부동산업으로 바꾸시겠다면 모르겠지만요. 부동산 투자건 사업이건 간에 시기와 타이밍이 아주 중요합니다. 마음 먹고 투자를 해보겠다는 생각으로 찾아오신 거라면 지금 당장 실천하세요. 공부만 하다가는 결국 공부로만 끝나고 투자로 이어지지 않는 경우가 허다합니다."

소심한 성격 탓에 쉽사리 투자를 결정하지 못하던 K씨는 결국 나와 함께 신도시 중심에 있는 입지 좋은 메디컬상가 코너 자리에 투자를 하게 되었다. 건축을 시행하는 건축주의 자금 사정으로 1층 상가들 중 2개 호수만 건축원가에 할인분양하는 상가였다. 나와 인연이 깊었던 그 건축주는 15년 넘게 건축시행업을 영위하며, 그 일대에서 정직하기로 정평이 나 있었고, 그 건축주와 건축 시행을 함께했던 경험이 있던 터라 더욱 신뢰할 수 있는 투자물건이었다.

무엇보다도 분양가 대비 30%나 할인해 살 수 있다는 것이 큰 매력이었다. 대부분의 소형상가나 빌라를 짓는 건축주들은 대출을 이용해 건물을 짓기 때문에 일시적으로 자금이 부족한 경우가 종종 발생한다. 그럴 때 건축주들은 자신이 개발하여 분양하는 건물 중 일부를 자금 확보를 위해 건축원가에 파는 경우가 있다. 하지만 이런 물건도 아는 사람들 사이에서만 쉬쉬 하며 거래되곤 한다. 분양원가에 팔았다는 소문이 돌면 차후 분양에 차질이 생기기 때문이다.

하지만 할인분양을 한다고 무턱대고 투자를 했다가는 큰 손해를 볼 수도 있다. 따라서 물건은 사업성이나 건축주의 신용도, 분양률과 미래가치를 판단해 투자해야 한다. 그중에서도 가장 중요한 키포인트는 상가의 '분양률'이다. 상가의 분양률은 그 개발사업의 성패를 좌우하기 때문에 주변 상가의 분양률을 조사하고 입지를 고려해 투자해야 한다.

정상 분양가보다 30% 싸게 매입한 상가는 K씨와 50:50 지분으로 투자해 분양을 받았고 상가가 다 지어지기도 전에 분양원가에 조금 못미치는 금액으로 다시 재매매를 하는데 성공했다. 불과 6개월 만에 투자 대비 200%가 넘는 수익률을 보게 된 것이다. K씨는 투자의 성공과 함께 부동산 투자에 자신감을 얻었고, 지금은 상가와 아파트 분양권을 전문으로 투자하고 있다.

#첫_투자 #첫_경험
#투자_멘토

이렇듯 초보자들에게는 첫 투자가 그만큼 중요하다. 성공적인 투자로 지속적인 투자를 할 것인지 아니면 처음부터 실패하여 두 번 다시 부동산을 거들떠 보지도 않을지는 첫 단추를 어떻게 끼느냐에 달려있기 때문이다.

처음부터 투자 멘토 없이 자기 혼자 독학으로 투자하는 투자자들은 대부분 몇 번의 쓰라린 실패를 맛보게 된다. 그리고 결국 다시는 부동산을 거들떠 보지 않게 된다. 따라서 초보자일수록 주변에 적절한 코치와 멘토를 두는 것이 중요하다.

물론 직장에 다니지 않는 전업투자자처럼 많은 시간과 노력을 투자할 수 있다면 멘토 없이 성공할 수도 있다. 하지만 최소한의 시간을 활용해 투자를 해야 하는 월급쟁이 직장인들은 시간이 제한적이기 때문에 많은 투자를 하기보다 1년에 1~2건의 투자로 높은 이득을 남길 수 있는 부동산에 투자하는 것이 바람직하다고 생각한다. 그러기 위해서는 투자를 위한 기본적인 지식도 중요하겠지만, 실전투자의 지혜를 얻기 위해 주변 전문가의 도움을 받는 것을 다시 한 번 추천한다.

당신도 부동산에 미쳐라

이번의 사례는 필자의 실제 이야기이다. 20대 후반 혈기왕성한 시기, 필자의 공격적인 투자에 대한 이야기를 해보고자 한다. 부동산 투자에 있어서도 가끔은 혁신적인 정신(사회적 관습, 규칙, 기존의 정형화된 시스템을 뒤엎는 도전정신)이 필요하다.

20대 중반에 경매를 시작한 나는, 공격적인 투자를 하는 젊은 투자자로 나름 유명세를 탔다. 물론 지금도 공격적인 투자를 하고 있지만 그 당시 나는 극히 보기 드문, 20대 젊은 나이에 경매 입찰에 뛰어든 젊은 총각이었다. 당시 법원 경매 입찰장에는 대부분 40~50대 분들이었고, 나보다 나이가 어려 보이는 사람은 찾아보기 힘들 정도였다. 당연히 입찰법원에서는 나를 신기하게 쳐다봤고, 내가 법원 입찰을 가는 날이면 법원 출입문 앞에서 '경락잔금대출' 명함을 나눠주는 일명 '명함아줌마'들이 "총각, 오늘도 한 건 해"라고 말하며 내게 인사를 건네곤 했다.

나는 경기도 소재 법원과 인천지방법원에서 주로 활동했는데, 당시 경기도의 경매 낙찰가율이 서울시에 비해 현저히 낮았고, 구도심의 재건축·재개발 붐이 불고 있어 잘만 하면 소액으로도 큰 수익을 볼 수 있었기 때문이다.

한 건의 경매에 입찰하기까지는 사전에 많은 작업과 발품을 팔아야 한다. 우선 어느 지역에 어떤 경매물건이 나와 있는지 인터넷 열람을 통해 확인해야 한다. 그리고 마음에 드는 물건이 있으면 실제로 그 물건지를 찾아 현장답사를 하여 지리적 현황과 입지, 실제 거래가격, 실제 그 물건의 하자와 권리상 하자는 없는지, 낙찰 후 매매는 잘 이뤄질지, 입찰가는 몇 %를 쓸지 등을 하나하나 꼼꼼히 살펴보고 결정해야 한다.

여기서 내가 가장 중요하게 생각하는 것은 당연히 현장답사이다. 그중에서도 나의 투자원칙 중 하나는 그 물건의 내부를 보기 전에는 절대로 입찰에 들어가지 않는 것이다. 내부를 봐야만 그 물건에 대한 확신이 생기기 때문에 수단과 방법을 가리지 않고 내부를 보기 위해 노력한다. 물론 경매물건이라는 특성상 내부를 보는 건 쉽지 않다. 왜냐하면 채무자가 거주하는 집은 채권자들의 채권추심에 시달릴 대로 시달린 채무자들이 이미 채권자들의 눈을 피해 다른 곳으로 이주했거나, 집에 거주하고 있다 해도 쉽게 문을 열어주지 않기 때문이다. 심지어 야구방망이를 들고 뛰어 나온 할아버지도 있었다.

한 번은 경기도에 위치한 아파트 1개 호실이 경매로 나왔다. 15층 중 3층으로, 현재 채무자 겸 소유자가 거주하고 있는 물건이어서 내부를 본다는 건 쉬운 일이 아니었다. 직접 찾아가 보니 우편함에는 수거하지 않은 우편물들이 쌓여 있었고 수도와 가스 눈금은 이미 멈춘 상태였다. 관리사무실 직원을 통해 세대 이야기를 전해들을 수 있었다.

"수개월간 관리비가 연체되어 세대 방문을 했지만 아무도 없는 거 같아요…. 주변 사람들 말을 들어보니 가끔씩 아들만 왔다갔다 한다고 하더라고요."

　벌써 그 채무자는 채권자들을 피해 다른 곳으로 이주한 듯 보였다. 집안 내부를 보고 싶었지만 폐문부재중이고, 열쇠공을 불러 문을 열고 들어가고 싶었지만 주거침입죄로 형사처분을 받을 노릇이었다. 고민 끝에 외부 가스배관을 타고 올라가 베란다를 통해 집 내부를 봐야겠다는 생각이 들었다. 지금 돌이켜 생각하면 웃음이 나고 철없는 행동이었지만 당시 필자는 나름 진지했다.

　다음날 새벽 물건지 아파트로 향했다. 다행히 이른 아침인지라 아파트를 관리하는 경비 아저씨는 순찰 중이었다. 경비실에 아무도 없는 걸 확인한 후 양손에 가죽장갑을 끼고 가스배관을 타고 올라갔다. 3층까지 올라가 베란다를 통해 내부를 볼 수 있었다. 베란다 유리를 통해 보이는 내부는 집기와 가구가 그대로 있는 상태였고 생각보다 깔끔해 보였다. 그런데 배관을 타고 올라가는 것을 아래층에 사는 사람이 보고 경비실에 신고를 했다. 경비 아저씨는 호각을 불며 뛰어오더니 필자에게 "당신 미쳤어! 지금 거기 왜 올라가 있는거야! 당장 내려오지 않으면 경찰을 부르겠어!"라며 소리를 질렀다. 나는 그 상황에서도 조금도 당황하지 않고 아래를 내려다 보며 말했다.

　"아저씨, 신고하지 마세요! 저 도둑 아닙니다. 여기 지금 경매가 나와서 내부 좀 보고 있는 중이에요."

　나는 그때 그 경비 아저씨의 황당한 표정을 아직도 생생히 기억한다. 나는 내려와 왜 벽을 타고 올라가 있었는지 상황 설명을 하고 죄송하다는 말과 함께 낙찰을 받아 다시 찾아오겠다고 하고 돌아왔.

　그리고 다음날 오전에 법원 입찰을 들어가 경쟁자 6명을 제치고,

무려 시세보다 4,000만원이나 싸게 낙찰을 받았다. 아파트 벽을 타고 기어 올라간 노력의 대가인 듯 했다. 나는 최고가매수자(낙찰자) 호명과 동시에 많은 사람들 틈을 지나 낙찰 영수증을 받고 승리자의 미소를 지으며 법원을 나왔다.

경매는 '낙찰부터 시작'이라는 말이 있다. 낙찰을 받았다고 끝나는 게 아니라 '경매의 꽃'이라고 불리는 명도(낙찰 받은 부동산에 살고 있는 사람을 내보내는 것) 절차가 남아 있다. 특히 이 물건은 채무자 겸 소유자가 거주하고 있는 상태여서 완만히 잘 협의를 해야만 했다. 물론 협의가 잘 이뤄지지 않으면 해당 법원의 힘을 빌려 강제적으로 내보낼 수 있지만 망해 나가는 사람에게 나쁘게 하고 싶지는 않았다. 그렇게까지 가기 전에 대부분 별 문제없이 대화로서 원만히 해결되기 때문이다.

하지만 당시 채무자는 벌써 다른 곳으로 이주한 상태였고, 집안에 집기며 가구가 그대로 남아있었다. 차라리 거주하면서 버티기 신공을 부리면 어떻게든 만날 수 있기 때문에 협의를 할 수 있지만 낙찰 받은 부동산의 점유자가 행방불명된 상태라서 난감한 상황이었다. 수소문 끝에 점유자가 현재 거주하고 있는 곳을 알아내어 점유를 이전하라는 내용증명을 보냈다. 그리고 며칠 뒤 채무자의 아내로부터 연락이 왔고 점유를 이전한다는 합의각서와 함께 소정의 이사비를 챙겨주며 별 탈 없이 명도를 마쳤다. 그리고 채무자가 집을 비운 후 깨끗이 집을 정리하고 3개월도 채 안 돼 투자금 대비 150% 이상의 수익률을 보고 전매를 했다.

여기서 내가 그 물건에 대한 확신을 가질 수 있었던 것은 나만의 투자원칙을 가지고 그 원칙을 지키며 여러 가지 감당할 수 있는 위험을 확인한 후 소신 있게 접근했기 때문에 가능했다고 본다. 아마 긍정적인 사고와 혁신적인 정신이 있었기에 가능한 일이었을 것이다.

이제 나는 많은 사람들에게 부동산 투자로 윤택한 삶을 살게 해주고, 그들을 부자로 만들어 주고 싶다. 그것이 나의 소명이자 꿈이다.

| 에필로그 |

부동산 투자는 양날의 칼이다

#고정관념 #정답사회
#다르게_생각하는_연습 사람들은 나이가 들수록 공통적으로 한 가지 징후를 보인다고 한다. '미래에 대한 꿈을 꾸지 않는다'는 것이다. 하지만 미래를 꿈꾸지 않는 순간 우리는 늙어갈 뿐만 아니라 인생을 낭비하게 된다. 꿈꾸지 않고 삶의 목표가 없는 인생은 그저 시간을 소비하는 인생이 되어 버린다. 그렇게 많은 사람들이 자기 스스로가 만들어 놓은 뻔한 틀에 갇혀 살아간다.

우리는 태어나 자라면서 부모님과 선생님에게서 '고정관념'을 배운다. 10대에는 열심히 공부해서 명문대를 가야 하고, 20대가 되면 스펙을 쌓고 취업 준비를 해야 한다. 30대가 되면 좋은 직장에 들어가 결혼해야 하고, 40대에는 승진해 높은 연봉을 받고 자녀 교육을 잘 시켜야 한다. 이것이 사회가 만든 고정관념이자 '정답사회'인 것이다.

마찬가지로 부동산 투자에 있어서도 고정관념이 존재한다. '부동산 투자는 아무나 하는 게 아니다'라는 생각부터 시작해 전세 살던 이웃이 집을 사서 이사를 하면 나도 집을 사 이사를 해야 하고, 부동산을 사서 대박이 나면 나도 그 부동산에 투자를 해야 한다. 이제 우리는 이렇게 틀에 박힌 고정관념을 버리고 다르게 성공할 수 있는 전략을 다시 생각해 보는 것은 어떨까?

#재개발지역_투자
#전_재산을_날리다

2010년 나는 무리한 부동산 투자로 전 재산을 모두 잃었다. 아니 전 재산뿐만 아니라 빚까지 생겼다. 욕심을 부려 투자를 강행하다 몇 해 동안 꾸준하게 모은 돈을 한순간에 날려버린 것이다. 재개발지역에 보상을 받을 목적으로 '땅'을 매입했던 게 화근이었다.

당시 내가 집중적으로 투자한 인천시는 구도심 정비를 위해 '도시환경정비사업'으로 지정된 구역이 많았다. 그중에서도 정비사업 추진절차가 다른 구역에 비해 순조롭게 진행되고 있는 곳에 투자를 했다. 그 지역은 각종 개발호재로 탄력을 받아 빠르게 부동산 가격이 올라가고 있었다. 급매로 나온 땅을 싸게 매입하고, 경매로 나온 땅도 낙찰 받았다. 심지어 도로까지 사들였다. 그렇게 부푼 꿈을 안고 전 재산을 투자해 신나게 사들였다. 싸게 사들인 땅을 제값에 보상만 받아도 수억원의 양도차익(자본이득)을 볼 수 있는 상황이었다.

내가 보유한 돈만으로는 공격적인 투자가 불가능했기에 은행 대출을 적극 활용했다. 매달 나가는 이자가 부담스러웠지만 그래도 1년 정도는 이자만 내며 버틸 수 있는 돈은 수중에 확보하고 있었다. 그리고 운 좋게도 내가 매입한 땅을 '고물상'에 1년 동안 임대를 주게 되어 매달 들어오는 월세로 대출금 이자를 감당할 수 있었다.

하지만 기쁨도 잠시였다. 인천시는 아시안게임 추진, 루원씨티 보상 문제로 부채만 10조원이 넘어가면서 시 전체가 부도 위험에 처해졌다. 결국 도시개발을 추진할 만한 예산이 부족해 여러 구도심이 정비사업구역에서 해제되었고, 해제된 구역 중에는 내가 투자한 곳도 포함되었다. 그렇게 욕심을 부려 사들인 땅들은 일순간에 가격이 폭락했고 나는 '땅 거지'가 되어버릴 상황에 놓였다. 정비사업구역이 해제되면서 내가 사들인 땅들의 시세는 급격하게 하락했다. 이러지도 저러지도 못하는 상황이었다. 헐값에 팔아보려 했지만 구도심에 위치한 가치 없는 땅을 살 사람은 아무도 없었다. 결국 내가 사들인 가격의 절반 정도의 금액으로 헐값에 땅을 처분해야 했다. 그리고 나에게 남은 건 마지막까지 팔지 못한 도로부지와 땅을 담보로 빌렸던 대출금액이었다.

전 재산을 모두 탕진하고 빚만 남은 상황에서 그동안 맨땅에 헤딩하듯 온몸으로 부딪히며 겪었던 고생과 세월이 주마등처럼 지나갔다. 중요한 건 돈뿐만이 아니었다. 자심감에 가득차 기세등등했던 모습은 사라지고 전의를 상실한 패잔병마냥 좌절감과 상실감에 빠져

들었다. 심각한 우울증을 겪으며 죽음에 대해 생각하기도 했다. 그때 나는 '세상사가 내 뜻대로 되지 않는다'는 것을 뼈저리게 느꼈다. 정말 부동산업계를 떠나고 싶었다. 부동산의 '부' 자도 듣기 싫었다. TV나 신문에서 부동산 이야기가 나오면 '제기랄, 부동산 투자 다시는 하나 봐라'라고 부정적으로 말하곤 했다. 매일 같이 술에 찌들어 정신도 부정적으로 피폐해져 갔고, 자존감은 바닥을 쳤다. 처절하게 실패했을 당시의 그 감정은 말로 표현할 수 없을 정도로 아프고 힘들었다.

하지만 그 실패를 통해 느낀 아픔과 고통의 깊이만큼 내 가슴 속에는 성공을 향한 뜨거운 열정이 솟구쳐 올랐다. 실패로 인한 고통은 한 사람을 죽음까지 밀어붙이기도 하지만, 반대로 더 빨리 성공할 수 있게 하는 하나의 원동력이 되어 주기도 한다. 사람은 태어나면서 유전적으로 타고 나는 강점이 있는데, 나는 다른 사람들에 비해 회복탄력성이 좋은 편이었다. 많은 실패를 해도 '나는 꼭 성공할 거야'라는 마음은 내 인생이 바닥에 있을 때에도 공기가 가득 찬 축구공처럼 나를 다시 튀어 오르게 해주었다.

끊임없이 찾아오는 빚쟁이들과 법원을 상대하며 주위 사람들의 비난과 동정을 버텨내려면 떡 벌어진 어깨와 잘 나온 가슴 그리고 건강한 다리가 필요하다고 판단해 운동을 시작했다. 몸이 건강해야만 자신감이라도 회복될 수 있을 거라는 생각이 들었기 때문이다. 나는 다시 한 번 꿈을 꾸며 치열하게 부딪쳤다.

#결국은_부동산
#다시_부동산으로_재기하다

아무리 생각해도 부동산 투자 없이 다시 빠르게 부를 축적할 수 있는 방법은 없었다. 내가 가진 재주라고는 그동안 맨땅에 헤딩하며 배워온 투자 경험과 노하우가 전부였기 때문이다. 무슨 수를 써서라도 다시 부동산으로 시작해야 했다. 그렇게 수중에 투자할 종잣돈이 없었던 나에게 기적적으로 살 길이 만들어졌다.

예전에 의왕시 지역에 경매로 낙찰 받았던 허름한 빌라, 2년 동안 전세를 주고 내 기억에서 잊혀져 있던 빌라가 있었다. 임차를 주고 별 관심 없이 방치했던 빌라였는데, 때마침 임차기간이 만료되는 시점에 임차인에게 연락이 와 알게 되었다. 나는 급하게 주변 부동산에 전화를 걸어 현재 시세를 알아보았다. 싸게 낙찰을 받았던 물건이기도 했지만 시세 수준까지 올라 있었다. 매수 희망자만 있다면 급매로라도 빨리 처분하고 싶었다. 주변 공인중개사에 전화를 걸어 시장 상황을 확인하니 "앞으로 재건축 호재도 있고 대지도 넓은 편이어서 찾는 사람이 종종 있다"고 했다. 나는 시세보다 1,000만원 싸게 내놓을테니 최대한 빨리 처분을 부탁했고, 몇 주 뒤 젊은 신혼부부에게 빌라를 처분했다. 빌라를 팔고 나니 내 수중에 4,000만원의 종잣돈이 생겼다.

"운명이 레몬을 건네면 레모네이드를 만들기 위해 노력해라!"

데일 카네기의 유명한 명언처럼 마치 나에게 통 레몬이 바구니 채로 들어온 순간이었다. '세상에 죽으란 법은 없구나'라고 혼잣말을 하며, 처음부터 다시 시작해 보기로 결심했다. 그렇게 마음을 다잡고 결심을 하는 순간부터 다시 자신감이 피어나기 시작했다. 이제 맛있는 레모네이드를 만들기 위한 방법을 연구해야 했다. 경매로 받은 의왕시 빌라가 나에게 다시 일어설 수 있는 기회를 가져다 준 만큼 나는 다시 경매 투자를 해야겠다고 마음 먹고 전국을 돌며 빌라를 낙찰 받았다.

나는 경매입찰 전 투자하려는 지역의 빌라들 중에서도 급매로 나온 물건들의 시세를 먼저 확인했다. 왜냐하면 내가 경매로 낙찰 받는 물건들은 급매보다 10% 싸게 받는 것이 나의 첫 번째 투자 원칙이었기 때문이다(경매는 1회 유찰시 30% 경감되기 때문에 급매물건보다 싸게 잡을 수 있는 장점이 있다). 1억원짜리 빌라가 급매로 9,000만원에 나온다면 나는 그 물건을 경매로 8,000만원에 낙찰 받았다. 그렇게 싸게 매입한 빌라는 간단한 수리과정을 거쳤다. 여자들이 맨 얼굴일 때 자신감이 없는 것처럼 내가 받은 물건이 초라해 보이지 않게 간단한 인테리어 수리를 통해 예쁘게 '화장'을 시켜준 것이다.

나는 이런 방법으로 1년이 채 되지 않는 시간에 다시 재기할 수 있었다. 돈 버는 방법을 알았던 나는 빠르게 성장해 갔고, 그렇게 2년의 시간이 흐른 후 내 통장은 다시 두둑해져 부를 얻는데 성공했다. 아마 부동산을 이용하지 않았다면 다시 재기하기까지 2년이 아니라 10년이 더 걸렸을 수도 있었을 것이다.

인생을 살다보면 누구나 실패를 겪는다. 실패는 고통스럽고 가슴 아픈 것이지만 인생이라는 거대한 전쟁터에서 승리하기 위해서는 실패라는 두려움과 불가능이라는 생각은 잠시 접어두고 도전해야 한다. 그렇게 도전해 이뤄낸 성공은 절대 무너지지 않는다.

#실패와_성공의_노하우
#성공을_함께하고_싶다
내가 걸어온 인생은 쉼표 하나 없을 정도로 가파른 길이었다. 나는 그 성공과 실패의 연속에서 수많은 '경험'과 '지혜' 그리고 '감사함'과 '삶의 깨달음'을 배울 수 있었다. 지금 나는 실패와 성공을 통해 얻은 귀중한 투자 노하우와 지혜를 많은 사람들에게 전파하고 있다.

당신도 부동산 투자로 진짜 부자가 될 수 있다. 간절하게 꿈꾸고 거침없이 도전해 보자! 그러면 성공은 당신에게 성큼 다가올 것이다.